あなたは髪を切らなくても変われる

美容師
小西恭平
Kyohei Konishi

ダイヤモンド社

Introduction

髪の印象を変えるだけで
新しい自分と出会い、
それが確かな自信となり、
一歩踏み出すためのエネルギーに変わる。

髪はそれくらいのパワーをもって、
あなたの人生を
いい方向に導いてくれる。

これが、私。

これも、私。

ぜんぶ、私。

脱力感たっぷりの
ストリートミックス

ワイドバングと重ためウェーブの
ガーリー×エレガント

モード×ストレートヘアの
クールビューティー

重め流し前髪と軽めのレイヤーで
カジュアル清楚

ハードなファッションに
合わせたラフなヘア

レッドカラーで華やぐ
セクシー大人女子スタイル

透明感たっぷりのヘアカラーで
ドール感を演出

風で壊れたような
ナチュラル&ウェットヘア

モテ系やわらか
ゆるふわAラインシルエット

お嬢様風の王道清楚ヘア

カバーモデル

にょみ。

神奈川県出身。医師。

大学在学中、ファッション誌「with」の読者モデルやサロンモデルを経て、2019年3月医学部卒業。現在は研修医として病院勤務。インスタグラムフォロワー数36万人。

Instagram:@nyon514

（友情出演）

カバーモデルの巻き髪の作り方

髪はすべてカールアイロンで外ハネ巻きにします。中間から毛先にかけて2回転程度が目安です。巻き終わったら軽くほぐし、濡れ感の出るヘアオイルをつければ完成です。外ハネ巻きで作る濡れ感スタイルは、ルーズさとおフェロ感を両立させ、大人っぽく、おしゃれでかわいい女性像を演出してくれます。

カバー写真で着用しているワンピース ¥40.000 (koll)　問い合わせ info@koll.jp
その他スタイリスト私物（1～5ページ）

美容師・小西恭平が作る

印象の違い selection

【 前髪を下ろしただけで女子力MAX! 】

【お悩み】長さは変えたくないけれど印象を変えたい。

【ご要望】かわいくなりたい。

前髪なしはクールで大人っぽい印象ですが、前髪を作ることで清楚でかわいらしい印象が作れます。

また、前髪の分け目もチェンジしました。元々は立ち上がりやすいよう毛流に逆らって左で分けていましたが、前髪を作るにあたり、毛流れに沿った右の分け目に変更。分け目で迷ったら、「自然な毛流れに従う」というのも正攻法なのです。

【 丸顔を活かして、育ちのよさを演出 】

【お悩み】顔が丸い、髪が広がる。
【ご要望】丸顔を隠してスッキリしたい。

話を聞くと、ヘアクリームをまったくつけていないことが判明。そこで少しだけ毛量を減らし、横のボリュームを押さえるようにヘアクリームをつけました。ヘアクリームで髪のボリュームがダウンすると、丸顔もタイトな印象になります。

前髪も7：3の流し前髪に分け方を変更。右目上にできた小さな三角形が輪郭を引き締めてくれています。

【1ミリも髪を切らずに、ギャップ萌え】

【お悩み】猫っ毛でボリュームが出づらい。

【ご要望】華やかになりたい。

簡単にボリュームを出すには、ヘアアイロンで巻くのがいちばん。スタイリングだけで印象を変えることができます。この場合、毛先ワンカールで内巻きにした後、中間だけを外ハネ巻きにします。ランダムなカールがボリュームのあるシルエットに。ストレートはシャープ・知的で落ち着いた印象になるのに対し、カールを入れると、華やかさやかわいらしさが出るのです。

【横顔を全開にしたら、顔やせした】

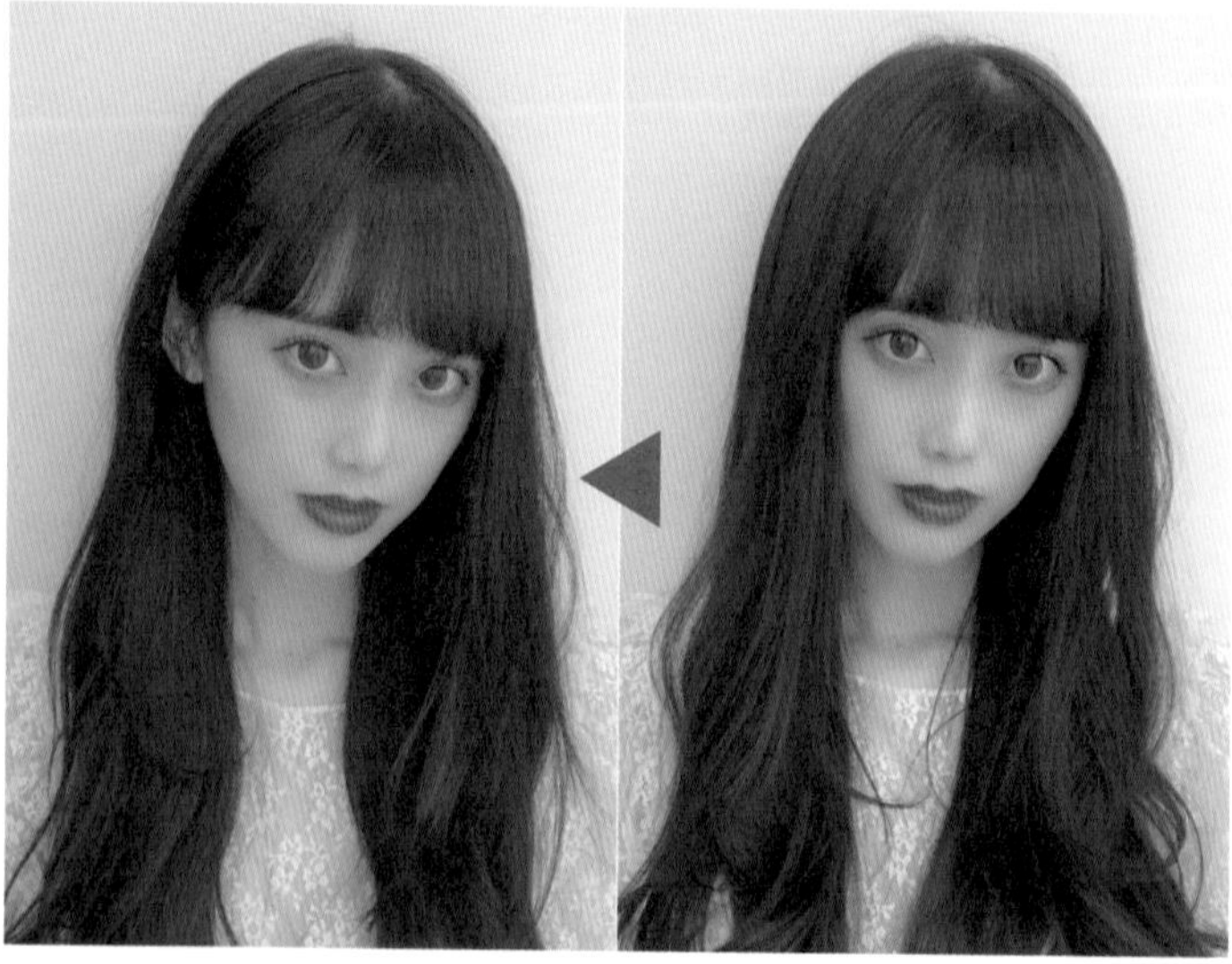

【お悩み】面長に見える。
【ご要望】ガーリーなスタイル。

顔型はきれいな逆三角形ですが、頭のトップが張っているため、面長に見えていました。

もともと横に広がりのあるワイドバングでしたが、さらに前髪の幅を切り広げました。また、顔の両サイドに髪が落ちていると縦長《たてなが》感が出るので、片側を耳にかけて、奥行きを出しました。小さな変化ですが、与える印象は全然違います。シャープなあごのラインが魅力的なかわいらしいスタイルになりました。

【目ヂカラの秘密は、表面ストレートアイロン】

【お悩み】頭でっかちに見える。
【ご要望】髪を切らずにボリュームを減らしたい。

頭のハチが張っているうえに毛量が多いため頭が大きく見える。よくあるこの悩みはスタイリングで解決します。

髪全体の表面だけにストレートアイロンを当てると、即席でボリュームダウンし、同時にツヤも出ます。さらにハチまわりを押さえるようにオイルでなでてあげ、両サイドの髪を耳にかけると、顔立ちがはっきり印象的になりました。

【つきものが取れたようにキャラ激変！】

【お悩み】暗い人だと思われる。

【ご要望】清楚になりたい。

「中途半端なグラデーションカラーの髪色」×「前髪なし」の組み合わせが、暗く不健康な印象を与えていました。

　そこで前髪を作り、カラーも落として落ち着いた印象にチェンジ。

　さらに、首の細さをカバーするために、カールアイロンで巻いて肩まわりにボリュームを出すスタイリングをしました。こうして、明るく、清楚な印象へと変わったのです。

【迫力が影をひそめて、優しいお姉さんに】

【お悩み】面長ではないのに、なぜか顔が長く見える。きつく見られる。
【ご要望】薄めの前髪を作って、優しい印象にしたい。

顔が長く見える要因は、広いおでこを全開にしていることにあるので、おでこを隠し、縦長感をなくしていきます。

前髪はシースルー前髪に。さらに顔まわりに横に広がる髪を作り、縦の印象を緩和しました。顔がきつく見られやすいので、髪を巻き、やわらかさもプラスしています。

【 休日にバッタリ会っても気づかれない！ 】

【お悩み】仕事優先の髪型で、遊びがない。
【ご要望】休みの日だけ、かわいい感じになりたい。

知的に見えるセンターパートは、童顔を大人っぽく見せてくれ、ビジネスシーンにはぴったり。でも休みの日だけカジュアルファッションに合う髪にしたい。そんなときは、あえて目にかかる「うざバング」に挑戦。

この方法は、伸ばしかけなどで中途半端に伸びている前髪を、おしゃれに見せる方法としてもおすすめです。

はじめに

はじめまして。東京で美容師をやっている小西恭平と申します。美容室に行って髪を切ることだけが、すべてじゃない。自宅にいながら自分で「かわいい」を作る方法はたくさんある。

――この事実をみなさんに伝えたくて、僕はこの本を作ろうと思いました。

ここまで、僕がこれまでにお客様と作ってきた「印象の違い」をご覧いただきましたが、いかがでしたか？　わずかな変化が、大きな印象の違いを生む。そのことを実感していただけたかと思います。

僕のところに来てくださるお客様は、みなさんいろんな悩みをもっていらっしゃいます。何もしなくても充分かわいいと思う人でも、あれこれと自分の欠点を挙げて、もっとかわいくなろうと一生懸命です。その「かわいくなりたい」気持ちを応援するのが、僕の仕事です。

今みなさんが抱えているコンプレックスは、小さなテクニックでカバーができ、ときに、さらにかわいく見せる要素にもなります。

僕は、世の中にかわいくなりたくない人なんていないと思っています。

今の自分からちょっとだけ変わりたいと思っている人も、今の自分の髪型になんだかしっくりきていないという人も、伸ばしかけの人も、美容室に行くのが面倒だなあと思っている人も、あなたが変わりたいと思ってこの本を手にとってくれたのなら、今が絶好のチャンス。これから僕がお話ししていく方法を試せば、きっとあなたは変わることができます。髪を切らなくたって、今よりももっとかわいいあなたになれると断言させてください。

髪を切らなくても変われる、そしてその方法はたくさんあります。

前髪の分け方、ヘアアイロンの使い方、ブローの方法など……。この本では、髪を切らずにかわいく変わるためのさまざまなテクニックをお伝えしていきます。基本情報からあまり知られていない髪の知識までたくさん紹介していくので、何か髪で困ることがあったら、この本を開いてみてください。

さあ、まずはひとつのテクニックだけでも構いません。この本に書いてある方法を実践してみてください。何かひとつだけでも吸収すれば、あなたのかわいさレベルは確実に上がります。

そして、違った自分へと変わり、新たな気持ちで毎日を輝かせてください。かわいくなりたいと思ったその素直な気持ちをぜひ大事にしてください。

あなたがかわいくなりたいと願うその気持ちを、僕はずっと応援しています。

小西恭平

あなたは髪を切らなくても変われる　もくじ

Introduction

第1章

〝髪〟だけで、印象は180度変えられる

第2章

前髪・顔まわりの髪が印象を決める

第3章 似合う前髪の見つけ方

第4章 横顔・後ろ姿の美しさは髪で作る

第5章

失敗しない巻き方のテクニック

第 6 章

髪を切るより変われるホームケア新常識

第7章 髪のお悩みあるあるQ＆A

第1章

〃髪〃だけで、印象は180度変えられる

髪を切らなくても新しい自分になれる

あなたのよさを最大限に引き出す方法とは？

僕のいる美容室に来てくださるお客様に、「なぜ美容室に来るのですか？」と聞くと、みなさんよくこう答えられます。

「髪を切って、違った自分になりたいから」

このときになりたい印象というのは、「かわいい」だったり、「仕事ができそうに見える」だったり、さまざまです。もしくは気持ちの変化を求めている場合もありますね。新しい職場に気分よく臨むために髪を切るのもそうだし、好きな人にかわいいねと言われたいからと髪を切るのもそう。昔から「失恋したら髪を切る」とよく言われますが、過去の恋愛を断ち切るために髪を切るというのは、とても理にかなっていることとだと、美容師目線からも思います。

確かに髪を切れば、印象が変わり、違った自分に出会えます。

前髪の長さをちょこっと変えるだけでも、人の印象はガラッと変わるものです。僕もよくお客様から「髪を切ったら、友達から『明るくなったね』と言われた」「家族に『別人かと思った』と言われた」などのお声をいただきます。それくらい髪はあなたの印象を左右する重要なパーツです。

では、**《髪を切らなくても新しい自分になれる》**と言ったら、どうでしょう?

こんなことを美容師である僕が言うのはおかしいのかもしれませんが、ハサミで髪を切らなくたって人は変われます。**あなたのよさを最大限に引き出す方法は、じつはいくらでもあるのです。**

スタイリングだけで変わるという選択

例えば、なんとなく前髪が決まらず悩んでいたお客様が美容室に来たとしましょう。オーダーは「しっくりこないので似合うように前髪を切ってください」。お客様自身は前髪を切ってもらってなんとか解決しようとしていたようですが、カウンセリングをさせていただくと、じつは前髪の分け方に問題があることが判明しました。

前髪の分け目は、目の高さなど顔のパーツによって左右される部分です。正しい分け方とスタイリング方法を伝え、お客様にしっくりくる分け目をご提案しました。この場合、**「こっちの分け目のほうがかわいいんだ！」**とお客様が気づくことで「髪を切らずに変わる」という目的が達成できたことになります。前髪の分け方についての詳しい方法は、この本でもお伝えしていきます。

もう一例出しましょう。以前、前髪をシースルーバングにしたいと来店したお客様がいらっしゃいました。シースルーバングとは、今いちばん流行《はや》っている、おでこがうっすらと透けて見える薄い前髪のことです。

そのとき僕が提案したのは、ハサミを入れてカットをするのではなく、スタイリングの方法でした。流行のシースルーバングは、前髪を薄く残して、上側の毛を横に流すようにドライヤーでブローしてあげると簡単に作れます。この場合も**無駄に髪を切る必要はなく、スタイリングの工夫だけで簡単に目的が達成**されます。

ほかにも、スタイリング剤のつけ方を変えるだけで前髪の今っぽさは格段にアップしますし、普段髪が乾燥している人は、うるおいを与えるようなケアをし始めるだけでも、かなり様子が変わってくる……。髪を切るという行為に頼らず、髪の見た目を変える方法は、じつはたくさん存在するのです。

髪の長さを変えずに「かわいい」を作る

この本のタイトルで「髪を切らなくても変われる」と言ったものの、髪を切ることによる変化や効能が多岐にわたることも事実です。

冒頭でも少し触れましたが、髪を切ると気持ちがぱっと明るくなったり、前向きで新しい気分になれたり、精神面での変化が生まれます。美容室に行った帰り道、街のショーウィンドウに映る自分のヘアスタイルを見てウキウキとうれしくなった経験、みなさんにもありませんか？
痛みは伴《ともな》わないにしろ、髪を切るということは自分の体の一部を切り落とす行為。もしかしたら、もやっとした邪念なんかも一緒に断ち切る勢いで、気分一新できるのかもしれません。「気分を変えたいから」という理由で美容室に来るお客様は大変多いわけです。

そのせいか、わかりやすく違った気分になりたいがために「ばっさり切ってください」「長さを変えてください」とオーダーするお客様もたいへん多くいらっしゃいます。たしかに長さを変えれば、いつもと違う自分になるのは明らかだし、友達や周囲からも「切ったんだね」とわかりやすい反応をもらえるかもしれません。

でも、ちょっと待ってください。
今の長さが似合っているのにわざわざ似合わないスタイルにチャレンジするとした

ら、**おかしな話だと思いませんか？**

もちろん、マンネリや飽きを解消すれば気分は変わりますし、季節によって髪を切りたい気分になることもあると思います。でも、現状の髪をよりハイクオリティなものにすれば、長さを変えなくても、もっとあなたのかわいさが磨《みが》かれるはず。必ずしも美容室に行って髪を切ることだけがすべてではないと、僕は考えています。

余談ですが、「おまかせで」とオーダーしたお客様の髪を短く切ろうとすると、いやがられることのほうが多かったりします。おまかせと言いながら意外と髪の長さは変えたくないという女性が圧倒的に多いのです。

そういったときに求められているのは、決まった範囲内での微妙な変化。それは、《ただ髪を切ることで解決する何か》ではありません。わかりやすく劇的な変化ではなく、**ちょっとしたマイナーチェンジでこそ、あなたのかわいさがよりいっそう磨かれていくのです。**

月イチで美容室に行かなくたっていい

美容師の僕が言うのもなんですが、髪を切りに美容室に来店したお客様に、髪を切らずにお帰りいただくこともたくさんあります。お客様のなりたい像やご要望を聞いて、髪を切らなくてもできると判断したら、やみくもには切らない。

せっかくご来店いただいたところたいへん申し訳ないのですが、**だって切らないほうがかわいいのですから**。そのお客様にはカウンセリングだけさせてもらって、自宅でできるお手入れのテクニックやスタイリング方法をお伝えし、また2〜3か月後に来てくださいねと伝えます。

印象が劇的に変わるわけではないけど、今よりは絶対かわいくなれるテクニックをお客様に説明し、納得していただく。長さを変えない**別の方法でも、「かわいい」を作ることができればいい**のではないかと僕は思うのです。

しかし、世間一般的には「定期的に」美容室に行くことが当たり前ですね。少ない方で2〜3か月に1回、もしかしたら「月に1回は美容室に行く」と決めている方が多いかもしれませんが、僕は儀式的になっているそのタイミングに必ずしもしばられなくていいと思っています。

たしかに美容室に行く頻度が高ければ高いほど、髪の美しさが保てるのは事実です。芸能人やモデルなど、人から見られる職業の方々は月1回くらいのペースで行ったほうがいいと思いますが、これはかなりイレギュラー。そうでなければ、月イチで行く必要性は感じません。それよりも、いいシャンプーを買ったりほかの美容にまわしたり、別のところにお金と時間をかけたほうがいいと僕は考えています。

自慢の髪型を女子に全否定された高校時代の僕

ここで**僕が「髪の力」を確信したときのこと**をお話しします。ちょっと気恥ずかしいですが、僕の人生を変えた、今となっては笑える思い出です。

僕が高校生だったころ、男もみんなストレートパーマをかけていました。当時、ビジュアル系ロックバンドのＧＬＡＹが流行っていた影響で、まゆ毛の間に前髪を垂らし、アルファベットのＭ字のようにするＭ字バングが大流行。**16歳の僕はそれが最高にイケてるかっこいい髪型だと思って、真似していました。**

ある朝、今はなきＭＤプレーヤー（当時の音楽再生プレーヤー）でお気に入りのＧＬＡＹの曲を聴きながら登校していたときのこと。ＭＤプレーヤーの操作上、イヤホンはしている状態でも音が途切れるタイミングがあります。すると、ちょうど通りすがりの女子高生３人組の声が偶然耳に入ってきました。

「あー、いるよねー。男でストパーかけちゃう、ああいう気持ち悪いヤツ」

まさか自分が言われているとは思わず、一瞬耳を疑いましたが、まわりを確認しても、僕ひとり。明らかに僕に向けられた悪口でした。かっこいいと思っていたストレートヘアとＭ字バング。**自慢の髪型を全否定された思春期の僕は、**非常にショックを受けました。

ちなみに、当時の僕は髪型へのこだわりが異常に強く、毎朝1時間かけてヘアアイロンを当て、さらさらのストレートヘアを作っていました。思い返せば、その強いこだわりは幼少期から。小学校時代、**湿気で前髪が少し浮いたくらいで学校に行きたくないと駄々《だだ》をこね、「雨で髪型がくずれそう」というだけで友達との遊ぶ約束をドタキャン**するような中学校時代を過ごしたほどです。美容師になった今でこそ、この強すぎるこだわりは大いに仕事へ生かされていますが……。

そんな僕に対して向けられた、見知らぬ女の子の辛辣《しんらつ》な言葉。**自分では完ぺきだと思っていた髪型を「気持ち悪い」と言われた僕**のダメージは想像を絶するものでした。

大ダメージを食らった僕はどうにもこうにも納得できなかったため、学校には行かず、そのまま当時通っていた地元の美容室に直行。僕の感覚は間違っていないはずだ！と信じ、「僕の髪型って変ですか？」と担当美容師さんに詰めよると、思わぬ答えが返ってきました。

「うん。ずっと思っていたんだけど、小西くんの髪型ちょっと変かもね……」

それはその日、2度目のショックでした。たしかにこれまで担当美容師さんから「こういう髪型ってどう？」と流行りの髪型を提案されたこともありましたが、自分の髪型がいちばん！と自信満々だった僕は、すべての提案を蹴《け》とばし、M字バングストレートを選び続けていました。担当美容師さんの提案を素直に受け入れたことは一度もなかったのです。

たった一度のイメチェンで、髪型も人生も変わった

自分の感覚を真っ向から否定されたその日、そのまま美容師さんにおまかせカットをお願いしました。僕に似合う髪型にしてください、とだけオーダーし、人生で初めて短髪のツーブロック、ワックスでくしゃくしゃにスタイリングするような今っぽいヘアになった僕。

ストレートヘアだったころの自分を思うと多少違和感はありましたが、新しい自分との出会いにわくわくしたことを覚えています。

髪型の変化は僕のまわりの環境をも変化させました。**ドキドキしながら新しい髪型で高校に行くと、予想外の高評価。**「めっちゃいいね！」「絶対こっちの髪型のほうが似合っているよ！」とクラスメイトみんなに言われ、今まで話したことのなかった女子からも話しかけられるように。友達もたくさん増えましたし、彼女がすぐできました（笑）。**あのときの感動は今でも忘れられません。**

当時の髪の変化を分析してみると、ストレートヘアだったときの僕は、顔まわりの毛で顔を隠していたため近寄りがたい印象だったのだと思います。暗く、神経質に見える髪型から一転、顔をスッキリ出したことによって明るく話しかけやすい印象に変化したわけです。

髪だけでこんなに人生が変わる。もともと髪を触るのが好きだったこともあり、それからは自分に似合う髪型を追求していくようになりました。雑誌を見ては、自分と同じ骨格のモデルを探してスタイリングの練習をする。クラスメイトに「どんな髪型がいいと思う？」とアンケートを取ったこともあります。「こういうタイプの子に好かれたいからこのスタイリングにしよう」などと、自分の力で髪を変える楽しみも見つけました。

正直、僕はイケメンではありません。でも、自分に似合う髪型を見つけ、印象を変えたことによって、人生を好転させることができたと心から思っています。髪だけで自分自身がこんなに変われた！　と実感したおかげで、より髪の変化を楽しめるようになったのです。

髪だけで一流のかわいさに近づける

髪には、人の印象を変える力があります。新しい自分に出会えるきっかけにもなりますし、自分に自信もつきます。まさに、髪は人生を変えるツールです。

当たり前ですが、人間、そう簡単に「顔」を変えることはできませんね。親からもらった顔とはまさに運命共同体。高額な整形手術や高度な特殊メイクなどをしない限りは、なかなか自分好みの顔には変えられません。

しかし、その代わりに、**手軽に一流のかわいさに近づくことができるのが「髪」**。

自分がいちばん似合うヘアスタイルを最大限に作り出すことによって、**誰しもが平等にかわいくなる**チャンスを得ることができる。髪にはそんな力が秘められていると、僕は思っています。

シンプルに見えるけれど、どこかおしゃれ

僕が普段、美容室でヘアスタイルを作るときにテーマとしているのは**「エフォートレス」なスタイル**です。エフォートレス〈effortless〉の直訳は「努力（＝effort）を要しない（＝less）」。つまり、がんばりすぎないおしゃれのことを指します。近年、ナチュラルのさらに上をゆく、エフォートレスなスタイルがより求められていると感じています。

作り込んでいるようで作り込んで見えない自然なスタイル。ほとんどの場合では、女性ウケのいい髪型と男性ウケのいい髪型は異なりますが、両方いけちゃうのもエフォートレススタイルのいいところです。

シンプルに見えるけれど、どこかおしゃれ。――**そんな抜け感のあるスタイルがもっ**

とも“今っぽい”のです。そしてこのトレンドは、まだしばらく続きそうです。

もうひとつ、いつも心がけているのが**「清楚《せいそ》」な印象**です。

「清楚」と聞くと、みなさんはどんなイメージをもちますか？　僕が「清楚」と言われて思い浮かぶのは、**「落ち着いている」「品がある」「真面目そうに見える」**などのキーワードです。

落ち着きがあって品がいい「清楚」なスタイルは、ひかえめで清潔感があり、さりげなくおしゃれ。男女関係なく好かれるスタイルだと思います。清楚な印象をもっていれば、よほどのことがない限り誰かに嫌われることはないでしょう。まさに**万人受けが可能なスタイル**なのです。

僕は美容師を始めたころから、品のある落ち着いたスタイルを作りたいという思いが強く、サロンワークで作るスタイルはもちろん、インスタグラムにアップするヘアスタイルも「清楚」な印象を大切にしています。

例えば、髪全体がカールしているよりも、どこかにストレートの部分を残したほうが清楚感は高まります。また、髪表面のツヤ感や、流し前髪にするのも清楚感を高めるテクニックのひとつ。かわいらしいぱっつん前髪だった女性が、ある日突然流し前髪にし、髪にツヤを出したとしたら、ガラッと変わった感を存分に出せることでしょう。次の章からは、僕が提案する**「エフォートレスで清楚なかわいいスタイル」を自分で作る**ための方法やノウハウを、たっぷりとご紹介していきます。

よく耳にする「バング」は、「前髪」のことを指している

さて、ここからは前髪や顔まわりが与える印象についての具体的なお話をしていこうと思いますが、読み進めていくうえでみなさんにお伝えしておきたいことがあります。雑誌などでもよく目にする「バング」とは一体何を指すのか、みなさんはご存じでしょうか？ **じつは、「バング」とは「前髪」のこと**。美容師などは頻繁に口にする言葉ですが、もしかしたらみなさんには馴染みがないかもしれません。

紛らわしくて申し訳ないのですが、「前髪」も「バング」も言葉が違うだけで意味は同じ。両方とも前髪のことをさしています。

例えば「ぱっつん前髪」や「流し前髪」などは「前髪」という名称がついていますが、「シースルーバング」や「うざバング」なんかには「バング」という名称がついていますね。でも、両方とも前髪の種類の名称。たいへんお手数ですが、例えば「うざバング」でしたら、「うざったい前髪なんだな」と「バング」を「前髪」に変換して考えていただければと思います。

第2章

前髪・顔まわりの髪が印象を決める

髪の長さではなく、前髪と顔まわりを少しだけ変える

ばっさり髪を切らなくても「かわいい」を作ることは可能です。今の髪の長さがしっくり来ているのであれば、**やみくもに長さを変えるのは危険**ですし、似合っている髪をわざわざ切り落とすほど**もったいない**ことはありません。

髪は約1か月かけて1〜1・5センチ伸びるのが精一杯。せっかく伸ばした髪を短く切ってしまっては、再びもとの長さに戻すのには相当の時間を要します。もし、髪を切ろうかどうかで迷っている方がいらっしゃったら、一度立ち止まり、ぜひこの章を読んでから切るかどうかを決めていただければと思います。

さて、スーパーロングからベリーショートへ……といった極端な場合を除き、多少髪の長さを変えたところでまわりからは意外と気づかれないものです。例えば、横〜後ろの毛先を10センチ切り、「髪切ったんだよ〜」とまわりに伝えたとしても、「どこが?」と不思議がられることのほうが多いでしょう。

印象を変えるには長さを変えても効果がないということです。では、どの部分が変わった感を生み出すのでしょうか？　答えは、**前髪と顔まわり**です。

髪が長い人は短くしてみたり、髪が短い人は伸ばそうとがんばってみたり……。イメチェン＝長さを変えるというように思っていた方が大半かと思いますが、**イメチェンに重要なのは長さの変化ではなく、前髪や顔まわりの髪**です。

前髪や顔まわりの髪はその人の印象そのものを左右するといっても過言ではありません。特に前髪があるとないとで印象はガラッと変わります。

印象を変えるのに手っ取り早いのは、前髪と顔まわりにわずかな変化を取り入れることにあります。不思議なことに、前髪と顔まわりに変化を加えれば、「髪切ったんだよ」と自己申告する前に、相手のほうから「雰囲気変わったね！」と言われやすくなるのです。

顔のコンプレックスも前髪・顔まわりの髪でカバーできる

多くの女性にとって前髪は、命よりも大切と言ってもいいほど重要な部分でしょう。それくらいこだわりが詰まった部位であるため、前髪・顔まわりを変えるのはとても勇気がいることだと思います。

しかし、言い換えれば、**前髪・顔まわりは髪のなかで唯一、顔のコンプレックスをカバーし、〝かわいい〟を調整できる部分**です。後ろの髪や横の髪をどうこうしても、顔のパーツまではカバーできませんが、前髪・顔まわりを少しでも変化させることによって、あなたの印象は様変わりします。一見小さな差にも見えますが、この微差こそが「印象の違い」を左右するのです。

例えば、前髪を目元ギリギリの長さにすると、**目を大きく見せることができます**。これは、特に細目や目が小さめの人に効果的なテクニック。いわゆるぱっつんになり、手っ取り早くキュートな印象を与えることができます。また、前髪の長さは、毛量に関係なくまゆ毛に近づけば近づくほど幼く見えます。大人っぽく、落ち着いた印象がほしいという方は、できるだけ目元ギリギリの長めの前髪にするといいでしょう。

同じぱっつん前髪でも前髪の厚みによって印象が変わります。一般的なノーマルぱっつんはキュート系に。重めぱっつんはモード系に。前髪の長さを切りそろえていたとしても左右どちらかに流せば、大人っぽいクールな印象になります。

今、いちばん推しの前髪は？ と聞かれたら、僕は迷わず「7：3分けの流し前髪」をおすすめします。

7：3分けの流し前髪は、人を選ばず、誰にでも似合いやすいのがいいところです。微調整で「清楚感」「かわいさ」「大人っぽさ」などすべてのテイストをカバーできる、パーフェクトな前髪だと思います。実際に僕のお客様からのオーダーも圧倒的に多く、評判がいいです。

7：3分けの流し前髪

正面ひし形バランスが好印象の最適解

正面から見たときのシルエットがひし形になるように作ることが、もっとも美しいバランスと言われています。人間は**本能的に左右対称が好き**なことに加え、安定感のあるひし形は**周囲に安心感を与えます**。ここでは、代表的な顔型ごとに、前髪と顔まわりの髪が作るひし形バランスの作り方を見ていきましょう。

丸顔

頬骨の出っ張りが気になる丸顔さん。顔周りの髪をすべて落としてしまうと重たくなってしまうため、ちょうど頬骨の高さで外に向くような毛を作るといいでしょう。また、全体的に丸い印象を緩和させるため、前髪は透け感のあるシースルーバングにしたり、流し前髪を作っておでこの肌面積を広く見せたりして、印象を縦に広げる

と効果的です。

ベース型

エラが張り、骨格が四角く見えてしまうベース型さん。こちらも頬骨の高さで外に向くような毛を作ると気になる頬骨の出っ張りが緩和され、ひし形バランスが取りやすくなります。エラを隠す髪を少量落としておくと、ごつごつした印象をやわらげることができます。

面長

面長さんは、前髪を厚めに作り、なおかつ前髪の幅を広げると縦長感を薄められます。前髪を作らない場合は、センターパートで前髪を分け、ちょうど頬の横で外向きにはねるようスタイリングするといいですよ。

逆三角形

あごがシャープな逆三角形さんは、トップにボリュームをもっていくと、正面から見たときのひし形バランスが取りやすくなります。ほかの骨格と同じく、頬骨あたりに落とす髪を作るといいでしょう。

一重・二重・奥二重と前髪の関係

お客様と話していてよく話題にのぼるのは、「目元の種類」と前髪の関係について。目の種類は、一重、二重、奥二重の3つに大きく分けられますが、このなかでもっとも憧れられるのはぱっちり二重でしょうか。みなさんが「かわいいな〜」と思う芸能人やモデルさんのほとんどが二重まぶただからかもしれないですね。たしかに二重の方は似合う前髪の幅も広いのですが、だからといって僕は決して一重や奥二重がよくないとは思いません。

例えば、一重や奥二重の人で大人っぽい印象になりたかったら、**分け目を作り、流し前髪にする**のがおすすめです。二重まぶたの人のように顔が出せないかと言われたらそうではなく、**センターパートで分けるとかえってバランスよく**、ミステリアスな雰囲気が魅力的だったりします。二重じゃないからといって、〝かわいい〟をあきらめる必要はまったくないのです。

目の高さを分け目の基準にする

前髪を作るとき、じつは目の高さも気にすべきポイントです。目の高さって？　と思った方、試しに鏡を見て地面と水平にペンを持ち、目に当ててみてください。どうです？　どちらかの目の位置が高いはずです。じつは、**ほとんどの人の目は左右対称ではなく、どちらかが必ず下がっています**。たまに左右対称な方もいますが、本当にまれなケース。この目の位置の高さと分け目が食い違っていることが、なんとなく前髪が決まらない原因だったりします。

前髪に分け目をつくって流し前髪にするときは特に、目の高さを気にしたほうが、いい感じの前髪を作ることができます。

分け目を作るときは、**目が高いほうに分け目を持ってくるのが鉄則**です。目が低いほうに分け目をもってきてしまうと、目がもっと下がって見えてしまうし、何より前髪が伸びて目にかかってしまうのが早くなってしまいます。

なかにはまゆの位置を気にされる方もいらっしゃるかもしれませんが、ほとんどの場合、目の高さに合わせてまゆも上がっています。したがって目とまゆはセットで考えていただいて大丈夫。まずは自分の目の位置を確認するところから始めましょう。

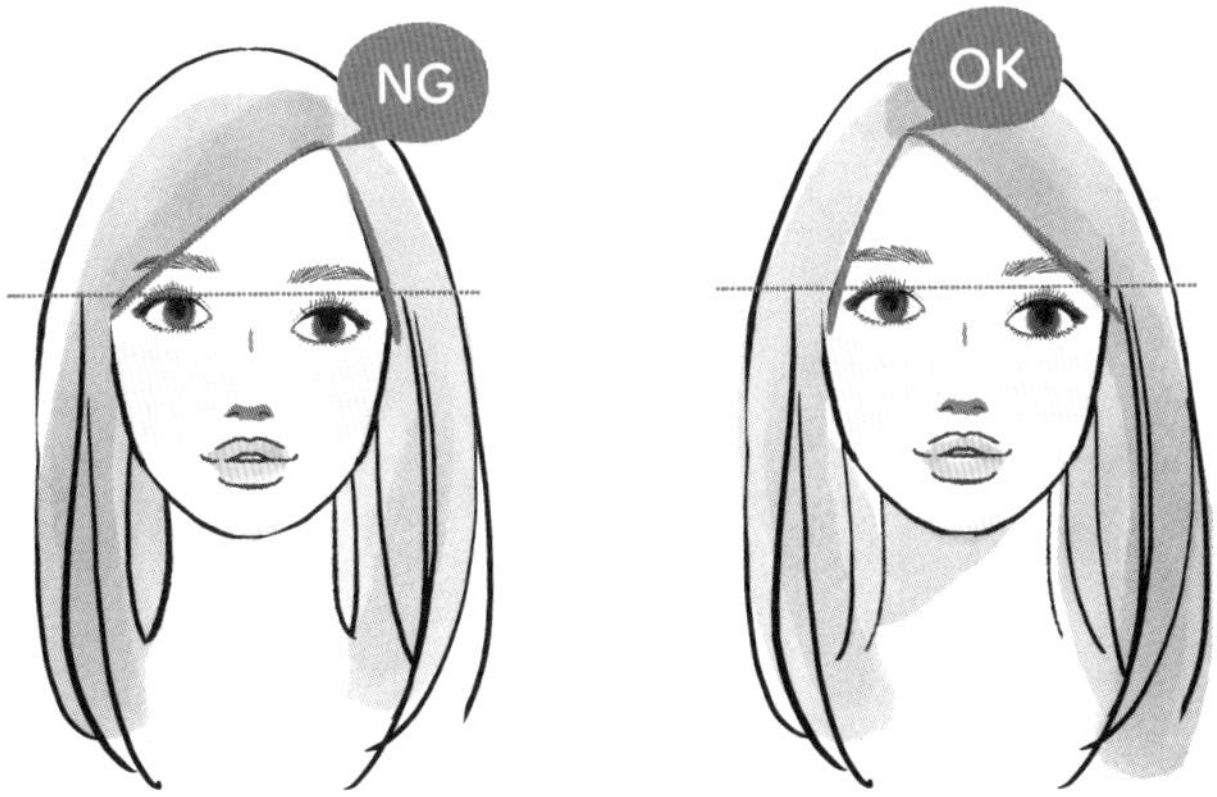

目が低いほうで分けると
目が下がって見える

目が高いほうで分けるのが鉄則

誰にでも似合いやすい！黄金比「7：3分け」の前髪

前髪を流す場合、その分ける分量によっても印象が左右されます。ここでは流し前髪の分量についてお話ししていきたいと思います。

まずは「7：3分け」について。「七三分け」と聞くと、もしかしたら年配のおじさんがしている髪型のように聞こえるかもしれませんね。でも、僕はこれこそが**前髪の分け方の黄金比**だと思っています。顔型やパーツによって似合う前髪は変わってきますが、7：3分けの前髪は人を選ばず、**誰にでも似合いやすい**のです。

前ページでお話ししたとおり、顔のパーツは左右対称なことが滅多にありません。不思議なことにどちらかの目が下がった位置についていることがほとんどなので、一方に前髪のボリュームを持っていってあげると、バランスが取りやすい。その黄金比が7：3分けなのです。

目が下がっているサイドに7：3の7（分量の多いほう）の髪を持ってくると、下がった目を正面から見たときのバランスが整います。**分け目の位置は、黒目の真上**を目安にしましょう。目が下がっているほうを3にしてしまうと、より目が下がってアンバランスに見えてしまうので注意してください。

ちなみに、目の位置と同じように頭のかたち自体も左右どちらかが出っ張っていて、完全な球体ではないことが普通です。目の位置と違って頭の出っ張りを確認することは少々難しいのですが、ご自身で頭の出っ張りが気になる場合、頭が出っ張っていないサイドを分け目にして、頭が出っ張っているサイドにボリュームを載せてあげると、よりバランスがきれいに見えます。

仕事ができそうに見える前髪は、「センター分け」がベストチョイス

真ん中分け、センター分け、センターパートとも呼ばれる5：5分けは、**知的でミステリアスな印象**を与えます。「仕事ができる人」「信頼できそうな人」といったキャリア志向の女性にはおすすめの分け方です。

ただ、顔の中央で分けることによって、顔のパーツがより均等に見えてしまうので、7：3よりも少し難易度は高め。**顔立ちがはっきりしている人や毎日ばっちりメイクをする方向け**の前髪と言えます。ちなみに面長タイプの人がセンターパートにすると、縦長感《たてなが》が中和されるため、顔が長い印象を薄くすることができますよ。

脱・少女漫画！髪を耳にかけると、小顔になる

僕の知る限り、アジア人女性は顔まわりを髪で隠したがる方がほとんど。これは少女漫画の影響かなと思っています。でも漫画のように顔まわりを隠しても、小顔効果は得られません。顔まわりを隠しすぎるとただ野暮《やぼ》ったく、顔が膨張《ぼうちょう》して見えてしまうだけ。基本的に顔まわりの髪を左右両方おろしてしまうと、重たい印象になります。

明るい印象を作るためには、**まず顔を出すこと**が先決。顔まわりの髪を耳にかけるなどして顔を出してみましょう。顔を出すと顔まわりを覆っていた髪の面積が減りますね。一瞬、顔が大きく見えるのでは？と思われるかもしれませんが、**髪の面積が減ったことで、正面から見たときに頭がコンパクトに見える**ため、顔もすっきりして見えるのです。

また、片側の髪を耳にかけると小顔効果も得られます。通常、ハチが張った骨格は頭を大きく見せてしまうのですが、左右どちらかの髪を耳にかけると奥行きが出て、頭が小さく見えます。頭が小さく見えると顔も小さく見え、**小顔効果に直結**します。

脱・アイドル風！前髪の幅を広げる選択で、性格も変わる

おそらく多くの女性は「アイドルがかわいい」と思う時期があると思います。いわゆる**アイドルの髪型とは黒髪・ぱっつんストレートが基本**。そして最も象徴的なのは前髪の幅が極端に狭く、顔のラインを隠すために顔まわりの毛が垂れていること。これを読んでいるあなたもそんなアイドルの髪型に憧れ、「あの髪型にすればかわいくなれる、小顔になれる」と信じ、狭めの前髪を経験したことがあるでしょう。

隠せば隠すほど顔が小さく見えると錯覚している方が多いのですが、顔は出したほうが断然小さく見えます。**前髪が狭いと、頭が大きく見えるので、その影響で顔も大きく見える**のです。これでは本末転倒。そしてさらに、顔を隠すことで気分や性格も沈んでいってしまうのです。

以前、ロンドンに行った日本人のお客様が、現地の美容師に「そんな狭い前髪で顔を隠しているような女性はこの国にはいない」と言われたと聞いたことがあります。そのお客様も例によってアイドル風の前髪。一方、ロンドンを歩く女性たちの多くは、

前髪は作っていないか、もしくは顔が出るようなヘアスタイルをしています。外国人の方はおおらかでオープンな性格の方が多いと聞きますが、これは髪型の影響を大きく受けているからではないかと僕は考えています。

経験上、顔が隠れるほど自分の気持ちは沈んでいきます。逆に明るい方は、顔が出ていることのほうが絶対的に多い。明るく、前向きになれるほうが絶対にいいと思うので、僕は顔を出すという選択肢をみなさんにぜひおすすめしたい。サロンワーク上でも、そんな気持ちを込めて多くのお客様へ顔を出す提案をしています。

前述の通り髪を耳にかけるだけでも明るく見えますが、前髪の幅が狭い場合は、美容室に行って前髪の幅を広げてもらうのがいいと思います。前髪の幅を広げるというのは、美容師でも「自分の前髪は広げられない」と言うほど難しい作業。美容室でオーダーする場合、単に「広げてください」と言うのではなく、自分が**なりたいイメージの写真を一緒に持っていく**ことをおすすめします。**命ともいえる前髪**なので、あなたのなりたいイメージを先に美容師と共有しておくのがベスト。「ただ見た目や雰囲気が好き」で構わないので、お気に入りの**写真を2〜3枚**ピックアップして行きましょう。

前髪のぱっくり割れにはヘアクリップを差し込め！

誰かとの「はじめまして」のとき、知らぬ間に自分の前髪がぱっくり割れてなんていたら……そのショックは計り知れません。第一印象で最も目につく部分なので、かわいい状態の前髪をキープしたいですよね。

ここからは、僕のインスタグラムにもよく寄せられる前髪のお悩みについてお話ししていきたいと思います。

まずは、前髪のぱっくり割れについて。じつは、前髪の生え方によるぱっくり割れは、時前の仕込みである程度解消されます。

方法は簡単。メイク前に、**前髪の割れが気になる部分の後ろの髪を前にぐいっと持ってきて、ヘアクリップで留め、しばらく放置しましょう。**ヘアクリップは、横ではなく、**縦に差し込む**のがポイントです。こうすると、分け目がキュッと引き締まり、日中の前髪も割れにくくなります。その状態でメイクが終わったころ、ヘアクリップの上からドライヤーで温風と冷風を交互に当てましょう。もし、**外出先で前髪が割れて**

しまったら、指で割れ目をつまみ続けるだけでも効果があります。

また、生え際がM字型の方に多い悩みですが、おでことこめかみの間がぱっくり割れてしまう場合、後ろの髪を前にぐいっと持ってきてヘアクリップで留めてしばらく放置しましょう。分かれやすい方向とは逆方向に髪をクセづけしておくことで、髪の割れを解消することができます。

ちなみに、アメピンなどの細いピンを使うと髪に変なあとがついてしまいます。必ずヘアクリップかシングルピンなどで行うようにしましょう。

頬骨とエラは、顔まわりの髪をうまく使って隠す

どんな顔型の方でも、小顔に見せたいというのは共通の強い要望でしょう。なかでも頬骨が張っている方は、骨の出っ張りによって顔が大きく見えてしまうことに悩まれているかもしれませんね。頬骨の出っ張りは特に丸顔の人に多く、できるだけ目立たせたくない……というのが本音だと思います。

こういった方は、ちょうど**頬骨の高いところに落ちる長さで顔まわりの髪を落としてあげる**と野暮ったく見えず、小顔見せに一役買ってくれます。ただし、落とす髪の量には注意。重たく落としすぎてしまうと、逆に頬骨が強調されてしまうので毛量は少なめにすることを忘れないでください。

とはいえ、この方法は髪がなければ成立しません。「そんなちょうどいい毛なんてないよ！」という方は、応急処置です。自分で前髪を広げるのは危険ですが、**顔まわりの髪はセルフカットで作ることができます。**ただし長さが足りない場合は、我慢して伸ばしましょう。

頬骨を隠す顔まわりの髪を切る

顔の横に髪の束1センチほどを自然に落とし、鼻の延長線上で切ります。すきバサミですくと、自然になじみます。

エラを隠す顔まわりの髪を切る

こめかみの髪の束1センチほどを自然に落とし、あごの2～3センチ下でカットします。量が多いと、エラが強調されてしまうので、切る束は1センチ程度にとどめてください。これで即席のおくれ毛が完成です。

失則を避けるため、ハサミはセルフカット専用のものを使ってください。セルフカット用のハサミはホームセンターや100円ショップで売っているので、意外と簡単に手に入ります。きちんと専用のものを購入してセルフカットにチャレンジしましょう。

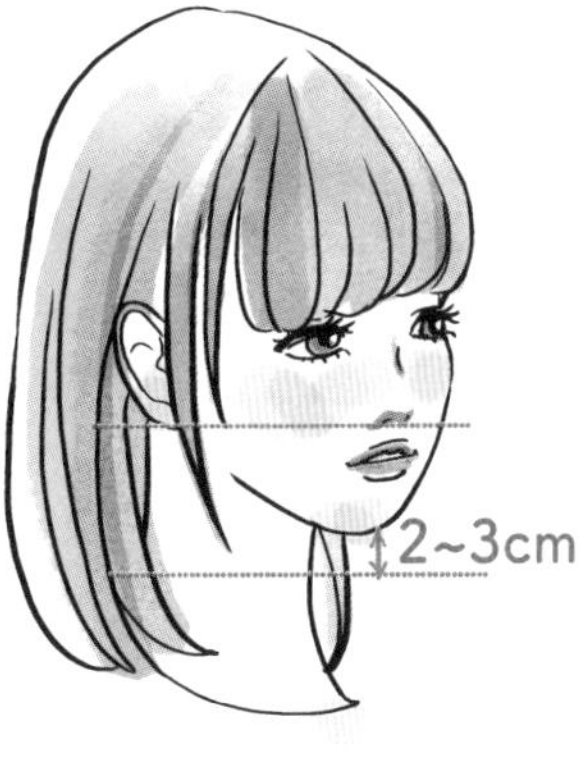

うざい伸ばしかけ前髪対処法4選

どうにかしてほしい！　ともっともよく言われるのが伸ばしかけの前髪。これに至っては「がんばって我慢してください！」と言いたいのが本音です（笑）。つらいのは僕にもわかるのですが、ちょっと考えてみてください。**あと2か月我慢したらかわいくなれる**わけですから、もう少し辛抱していただければ……。

とはいえ、中途半端な前髪を放置するとただのボサボサな印象になって、気分的にも上がりません。いくつか応急処置をお出ししますね。

ひたすら横に流す

中途半端な前髪は、分け目を作って横に流すのがいちばん。つらいでしょうが、これで我慢です。ドライヤーを前髪の下から当てると、髪

が自然な方向に分かれていきます。そのまま温風をしばらく当て続けるとクセがつくので、横への自然な流れを作ることができますよ。

すきバサミで毛先だけをすく

すきバサミで毛先だけちょんちょんとすくと、量が減り、多少イライラも減少します。すきバサミを使えば、長さは変わりません。前髪を一点に集めて毛束を持ち上げて、毛先からすいてみてください。

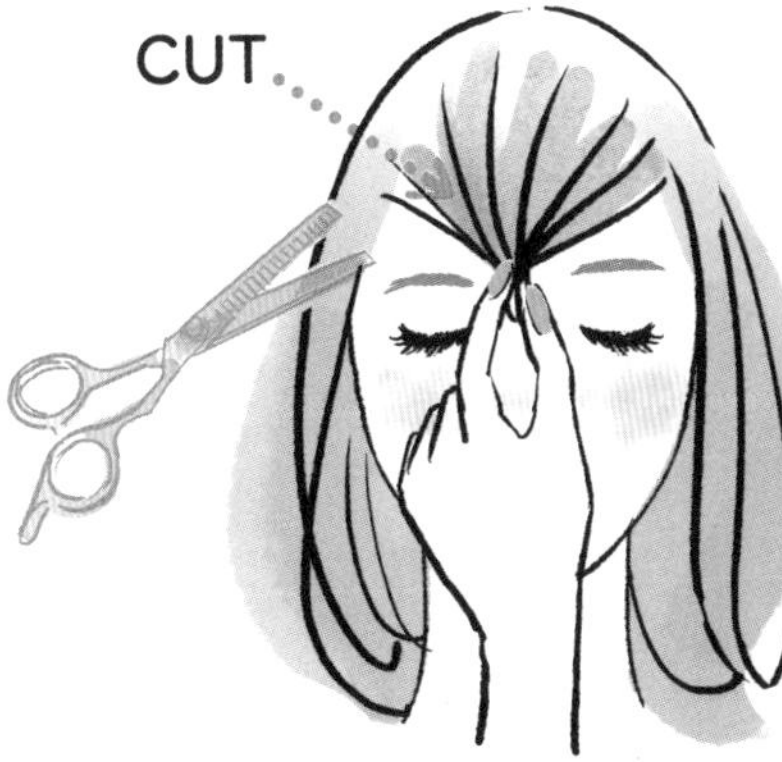

アメピンで留めて上から髪をかぶせる

まず、前髪を適当なところで分けて束にし、後ろ方向に向かってこめかみあたりをアメピンで留めます。バックの髪をアメピンで留めた部分にかぶせれば、目立ちません。応急処置ですが、視界が開けます。

うざバングにする

少し個性派向けですが、前髪の量を減らして髪をあえて垂れ流しにし、うざバングにしてしまうのもひとつの手です。

うざバングとは、名前の通り、目にうざったい前髪のこと。前髪は目にかからないように切ったり、ピンで留めたりするのが基本ですが、逆にうざバングは少量の髪を顔にふわっと垂ら

します。こうすることで色っぽさや抜け感を表現でき、〝あえておしゃれでやっている感〟を出すことが可能。

方法は簡単。前髪の上半分量の髪を取り、横に分けてサイドの髪となじませるだけです。残った前髪はそのまま。濡れ感の出るヘアオイルをつければ今っぽさが際立ちます。伸ばしかけの前髪を全部おろしている状態だと野暮ったいけれど、少量にすることで、こなれ感が出るのです。

前髪のハゲ見えを解消するのは乾かし方

きちんと作ってきたはずなのに時間とともに前髪がだんだん薄くなり、**ハゲていないのにハゲて見えてしまう現象**……。このお悩みも多くの女性から報告されています。これは、髪を切らなくても**出かける前のブローだけで解決可能**。前髪の根元をつまみ、左右に引っ張りながらブローすることで、生えグセを解消します。毛が生えている方向と逆方向に引っ張るイメージでやってみてください。

また、前髪がハゲ見えしてしまう方は、もしかしたら**スタイリング剤をつけすぎているこ**とが原因かもしれません。今はさまざまなスタイリング剤が出ていますが、つけ方には注意が必要です。髪の根元にスタイリング剤をつけすぎると根元からどんどん毛束が分かれ、前髪が薄くハゲて見えてしまいます。つけるとしたら**少量を中間から毛先のみにつける**のが正解。

もっといえば、僕はヘアスプレーをおすすめしたいです。スタイリング剤よりも軽い仕上がりなので根本のぱっくり割れの心配もなし。また、スタイリング剤よりもソフトなキープ力が期待できます。

ヘアスプレーを使うときは、少し離れたところから吹きかけるのがポイントです。根元にはつけないように、必ず髪の中間から毛先にかけてスプレーを噴射してくださいね。

前髪を切りすぎた場合のおしゃれな切り抜け方

前髪を切りすぎてしまった！ 切られすぎて恥ずかしくて外を歩きたくない！ というハプニングは「あるある」だと思います。短くなった髪は、伸びるまで待つしかありませんが、**できるだけ気分よく過ごすための応急処置法**をみなさんにお伝えします。

まず、ヘアオイルを前髪につけてサイド分け、またはアップにしてしまう方法があります。ヘアオイルを使うと今っぽい質感になりやすいのでおすすめです。

前髪を巻きたい場合ですが、そもそも前髪が短くなってしまったのでかなり巻きづらくなっていると思います。ヘアアイロンを使うとしても、カールアイロンで巻いてしまうと長さが足りず強いカールがついてしまうので、ストレートアイロンで巻くのがおすすめです。**毛先のみほんの少しだけ丸みをつけて、ヘアオイルやヘアクリームなどで束感を作れば**、おしゃれに決まると思います。

短くなってもできるだけ長く見せたいという場合は、根元付近を指でつぶすようにドライヤーでブローするのが正解。根元から前髪をつぶし、できる限り長く見せる作戦です。温風を当てたあと、冷風に切り替えて冷やすと、ある程度形をキープすることができます。

第 3 章

似合う前髪の見つけ方

あなたに似合う「かわいい」前髪を見つける

顔まわりの髪や前髪は印象を左右する大切なパーツ。ここまで読んでくださったみなさんなら、前髪の重要性をおわかりいただけたかと思います。

インスタグラムでアンケートを取ると**「似合う前髪がわからない」**という相談を多く受けます。たしかに、似合う前髪は顔のかたちや生えグセによって変わってくるもの。何も考えずに自分がしたい前髪を真似するだけでは、僕たちが目指すべき「かわいい」から遠ざかってしまいます。たしかに**タイプや特徴によって似合いやすい前髪**というものは存在するため、自分にぴったりの前髪を見つけるのが**「かわいい」への近道**です。

ここからは、自分に似合う前髪を見極めるポイントを順に解説していきましょう。

おでこと生え際のかたちから似合う前髪を見つける

みなさんは自分の生え際やおでこに注目したことがありますか？　じつは、髪の生え方とおでこの広さによって似合う前髪はある程度決まってきます。まず、生え際のかたちは大きく分けて3種類。「M字おでこ」「富士額《ふじびたい》」「ノーマルな平らおでこ」の3つです。

生え際によって悩みを抱えやすいのはM字おでこと富士額の方。ノーマルな平らおでこの方は一般的にきれいなおでこといわれ、どんな前髪にも対応できるマルチタイプおでこです。

さて、これらの**生え際タイプに加え、おでこの狭さ・広さがカギ**となり、似合う前髪が決まってきます。

ちなみに、さまざまな生え際を見てきた僕の統計によると、おでこが狭い方はだいたい毛量が多く、おでこが広めの方は毛量が少ない傾向にあります。頭にある**毛穴の数はみんなだいたい同じ**なのですが、**ひとつの毛穴から生えてくる毛の本数や髪の硬さによって毛量の多い・少ないは決まる**のです。

Type 1

M字おでこさんは顔まわりの毛でハゲの部分を隠して

おでこの左右がM字型に食い込んでいるタイプの方がもっとも気になるのは、**ハゲていないのにハゲて見えてしまう隙間**部分でしょう。前髪とこめかみの間にできてしまうこの隙間を埋めるには、顔まわりの髪をうまく使っていく必要があります。

生え際がM字で**おでこが狭い**方は、毛量が多めの傾向にあるため、**前髪の中央は薄くし**、顔まわりである**こめかみ部分に多めに毛を残して**あげましょう。こうすることで前髪と顔まわりの髪のつながりをよくし、正面から見たときにひし形シルエットに近づきます。

最大のポイントは前髪の真ん中を薄くしたぶん、顔横の毛は厚めに残すという毛量の変化。**毛量でグラデーションを作ることによってつながりをよりきれいに**見せます。これを守れば、前髪のかたちはぱっつんでも7：3分けでもOK。顔の横に

多めに毛を残すことによって、M字特有のハゲ部分をカバーしましょう。

生え際がM字で**おでこが広い**方は、毛量が少ないことがほとんど。毛量が少ないと、さらにハゲて見えやすくなってしまいますね。このタイプに似合う前髪はいくつかあります。

まず、真ん中より両端が下がったラウンド前髪にし、顔の横に向かってゆるやかに髪を流してM字を目立たなくすること。鉄板ですが、厚く重ための前髪も似合います。これがいやだったら、中央から薄く前髪を下ろすシースルーバングにしましょう。いずれも**顔横の髪を厚めに残す**ことを忘れないでください。前髪がおでこの広い面積を隠してくれるため、**前髪を作るべきタイプ**といえます。

Type 2

富士額さんは毛流れの強さを利用する

昔から美人の条件といわれる富士額とは、文字どおり生え際が富士山のかたちになっている額のことです。その毛流れの強さから前髪が分かれてしまうことがしばしば。

特に、**おでこが狭い**富士額さんは、より前髪が分かれやすいので**前髪を作らず、おでこを出す**というのが正攻法となります。おでこの幅が狭く、毛量が多いのに前髪を短く切ってしまうとより浮きやすくなってしまうので、分けておでこを見せてあげたほうが顔も小さく見えます。

分け目は、髪が自然に分かれるところでもいいし、センターでもOK。顔まわりの髪を少し残しておいてあげることで、おでこの狭さを目立たせません。

センター分け

富士額で**おでこが広い**方はあまり見かけないのですが、似合うのは7：3に分ける流し前髪です。広いおでこを全開にはしたくないからセンター分けには気が乗らない。でも、前髪を切ったら髪が浮いてしまう……。そういった気持ちを考えると、**黄金比の7：3に分ける流し前髪がベスト**なのです。

富士額の人の多くはちょうど中央で分かれてしまうというより、6：4あるいは7：3くらいで自然に分かれることがほとんどなので、その毛流れを利用し、自然に流して上げましょう。

7：3分け

Type 3

ノーマルな平らおでこさんは、おでこの広さを前髪でカバー

ノーマルな平らおでこさんは、オールマイティタイプ。比較的、どんなタイプの前髪でも似合いやすいのですが、おでこの広さによって工夫を加えていくと、よりかわいい前髪を見つけられます。

このタイプで**おでこが狭い**方は、前髪は薄めに作ったほうが似合いやすいでしょう。狭いおでこを少しでも広く見せるためには前髪があったほうが◎。「おでこを全開に出したほうがおでこが広く見える！」とおっしゃる方が多いのですが、逆に**薄めに前髪を作り、おでこに透け感を出したほうが詰まって見えず、おでこが広く見える**のです。もしくは、少しだけおでこの肌面積が見えるように、黄金比の7：3で分けて流し前髪を作るのもいいでしょう。

重ためぱっつん

逆に**おでこが広い**方の毛量は、多くもなく少なくもなく普通のことが多いです。どんな前髪でも作りやすいタイプではありますが、広いおでこをなんとかしたいというのが本音だと思います。この場合もやはり、**出すより少し隠す！**目とまゆの間で切りそろえた**重ためのぱっつん**か、**長めに前髪を作ってサイドに流す**のが似合います。

長めの流し前髪

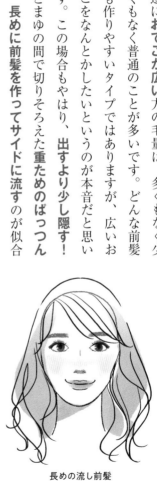

顔型から似合う前髪を見つける

似合う前髪の見つけ方の次なるポイントは顔型です。同じ人間といえども顔型にはさまざまなかたちがあり、その特徴もバラバラ。ここでは「丸顔」「面長」「ベース型」「逆三角形」の4つを主として扱い、それぞれの顔型に似合う前髪を見つけていきます。

Type 1

丸顔さんは薄めの前髪で「縦ライン」を強調させる

丸顔さんの場合、まゆ下で切りそろえてぱっつんにせず、**長めに前髪を作って7：3で流す**のが特効薬です。7：3の流し前髪にすると、**肌が見えるすき間が縦に**できます。そのせいでもっと顔が大きく見えてしまうのでは？と思われるかもしれませんが、**おでこの肌が三角形**

長めの流し前髪

に見えることによって輪郭が締まり、丸顔は小顔に見えるのです。

また、丸顔さんは**シースルーバングや薄めのぱっつん前髪**もお似合いです。前髪を薄く作ると束感ができ、**縦のラインが強調**されるため球体感も解消。普通の重ため前髪を作るよりも輪郭をカバーしながら小顔に見せることが可能です。

Type 2

ベース型さんは「四角い印象」を緩和させる

エラが張っているベース型さんは、何もしないままだと四角いシルエットになり、ゴツゴツした印象を与えがち。ぱっつん前髪にしてしまうと、より四角さが強調されてしまうので、**やわらかい流し前髪がベスト**となります。

おでこから肌を少し見せることで**視線を上に持っていく効果**があるため、エラの出っ張りに

やわらかい流し前髪

目がいきません。
もしくは**シースルーバングで髪の間から肌をチラ見せ**し、視線を上にもっていって**縦の印象**を強めましょう。

Type 3

面長さんの前髪は「縦長感」を削るのが鉄則

じつは、僕がもっとも多いと思う骨格タイプはこの面長タイプさん。やはりいちばん気になるのは顔の長さでしょう。この**縦長感を削る**には**横の広がりを意識した前髪**を作ることが大切です。

おすすめなのは、**重ためのぱっつん**。単純に前髪で**おでこの面積がつぶれる**ので、縦長感が削れます。前髪の幅を広めに作る**ワイドバング**

シースルーバング

重ためぱっつん

も面長向きな前髪。**横幅を広げる**ことでこちらも縦長感を緩和できます。

前述しましたが、**センターパート**も面長タイプにぴったり。一見、縦長感を強調するように思いますが、**左右に向かって毛流れを作ることで横幅を広げ**、ベストバランスである正面ひし形のかたちに近づきます。

センターパート

Type 4

逆三角形さんは前髪を厚めに作ると好バランス

あごがシャープな逆三角形タイプ。**似合う前髪の種類が多い、比較的万能な骨格**です。

とがったあごや縦長感を緩和させたい場合は、**センターパートで分ける**のがおすすめです。左右に流れる毛が横幅を広げるので、縦長感を解消できます。

また、前髪ではありませんが、**トップを高く作って髪のボリュームをサイド気味に持ってくる**と、正面ひし形のバランスが取りやすくなるでしょう。

余談ですが、顔型に関係なく、顔が大きく見えてしまう人は、ハチが張り、頭が四角くなっ

センターパート

てしまっていることが多いです。ハチが盛り上がったかたちは頭がハート型の状態なので、頭が縦に膨張して見えます。そういう場合も前髪の幅を広げてあげると、相対的に顔は小さく見えます。

トップを高く作って髪のボリュームをサイド気味に

流し前髪が自然に流れる方向がある！

これまで前髪の分け方についてのお話をしてきましたが、大前提として、前髪の分け方は**みなさんが「分けたいほうに分ける」**でOKです。「目が大きいサイドを強調したい！」「自分の顔の好きなほうを出したい！」という気持ちはとてもよくわかりますので、基本的には自分が流したい方向に流すのが正解です。

ただ、髪には元々の生えグセがあり、「自然な流れ」というものが存在するのも事実。もし、いつもの流し前髪に違和感があったら、こちらの方法で自然な毛流れをチェックしてみましょう。

まず、濡れた状態の前髪を自然に乾かしましょう。このとき、**指などで押さえたり、引っ張ったりせず、ドライヤーで真下に向かって乾かす**ようにします。

髪が乾くと、髪が自然に流れる方向に向いているはずです。**向いた方向が髪の自然な向き**なので、7：3などに分けるときの参考にしてみてください。自分の毛流れがわかったら、**その方向に向かって髪をとかす**と、より自然に髪を分けることができます。

ちなみに、年齢によって髪質が変わると、元々の毛流れに影響することもありますが、基本的には根本の生え方の向きは変わりません。前髪の流し方で迷っている方は、ぜひ参考にしてみてください。

顔のパーツが寄っているか、離れているかで似合う前髪を探す

顔全体を見たとき、目や口などのパーツが中心寄りの人を「求心的な顔」、逆に外向きにパーツがある人を「遠心的な顔」といいます。顔のパーツが求心的かどうか……。じつはこれも似合う前髪を探るひとつの手がかりになります。

目や鼻など顔のパーツが中央寄り、つまり求心的な顔をしている方は、顔の横幅が広いタイプが多めです。パーツが中央寄りな分、顔の外側に余白が多い。こういった場合、目尻の横に顔まわりの髪を落とさないと、より顔がぎゅぎゅっと詰まったように見えてしまいます。

顔の横に髪を落とす場合は、直線的に落とすと重たく、古くさい印象になってしまうので、**必ず**

カーブさせること。詳しくは第5章でお話ししますが、ヘアアイロンで髪を曲げることで再現可能です。もし、落とせる髪がなかった場合は、長くてもいいので片側だけでも落としてあげましょう。**求心的な顔の方は、顔横の余白を全開にしない**ほうがいいです。

逆に目が離れている人、つまり**遠心的な顔の方は、前髪に厚みを作る**とパーツが離れているのが気にならなくなります。前髪にすき間が生まれると、さらに目が離れて見えてしまう。顔の横の毛は、求心的な顔の方とは逆に落とさないほうがいいです。視線がばらつき、目が離れているのが強調されてしまいます。

ここだけの話、前髪のセルフカット法教えます

「美容室に行く時間がない……」「もう少し我慢して粘りたい！」そんなときにはぜひ自宅でできるセルフカットに挑戦してみてください。**応急処置的なもの**ですが、みなさんにそのテクニックをお伝えしたいと思います。

始める前にみなさんにお約束いただきたいことがふたつあります。

ひとつめは、普通のハサミを使ってセルフカットをしないこと。普通のハサミで切ってしまうのは、髪に穴があいてしまうなどの失敗の原因となります。必ず、**セルフカット用のハサミを使いましょう**。

もうひとつは、ワイドバングは自分で作らないことです。今回お伝えするセルフカット方法はあくまでも応急処置。自分で前髪の幅を切り広げていく……というクリエイティブなことは残念ながらおすすめできません。もし失敗した場合、なくなってしまった毛は僕ら美容師にも何もほどこしようがなくなってしまうので、これはやめてくだ

さい。

前髪の幅の取り方

前髪のセルフカットに入るその前に、まずは前髪の幅を決めていきましょう。前髪の幅は、両目の黒目と目じりの間の真上を目安に髪を取ります。これは目のタイプに左右されず、どの方にも似合う幅です。ここで注意点がひとつ。両目の目じりより後ろの髪は絶対に触らず、間違っても切らないでください。これより先を切るとワイドバングになってしまい、前髪の切りすぎや失敗につながります。美容師でさえ、自分の前髪を切るのは難しいことです。そのため、あくまでも今回お伝えするセルフカット方法は応急処置と理解してください。

前髪の切り方

作りたい前髪の種類によってセルフカット方法は異なるので、ここでは4種類の方法をご紹介します。前髪の幅は共通で、先ほどお話しした通り、目じりの真上を目安に髪を取りましょう。

①前髪を流したい場合

分け目を作って流し前髪を作る場合、目が高いほうに分け目を持ってくるのが鉄則です。目が低いほうに分け目を持ってきてしまうと、目がもっと下がって見えるし、前髪の持ちが悪くなってしまいます。

流し前髪にしたいときは、流したい方向とは逆側の黒目と目じりの間の真上に前髪を集め、まゆ毛と目の間で切ります。このように一点に集めてカットすることで、ゆるやかな流れを作ることが

右に流す場合は左に集める

できます。

重ための前髪に切りたいときは、指を額につけたままカット。軽めの前髪に切りたいときは、顔に対して直角に指を上げ、そこから指1本分下げた地点（45度を目安に）で切りましょう。ハサミの向きは地面に対してまっすぐでOKです。

②ラウンド前髪にしたい場合

前髪をラウンドにしたい場合、目頭の内側を目安に前髪を取って鼻の頭に前髪を集め、Vライン状にしてからカット。こうすると、ゆるやかなラウンド前髪ができあがります。

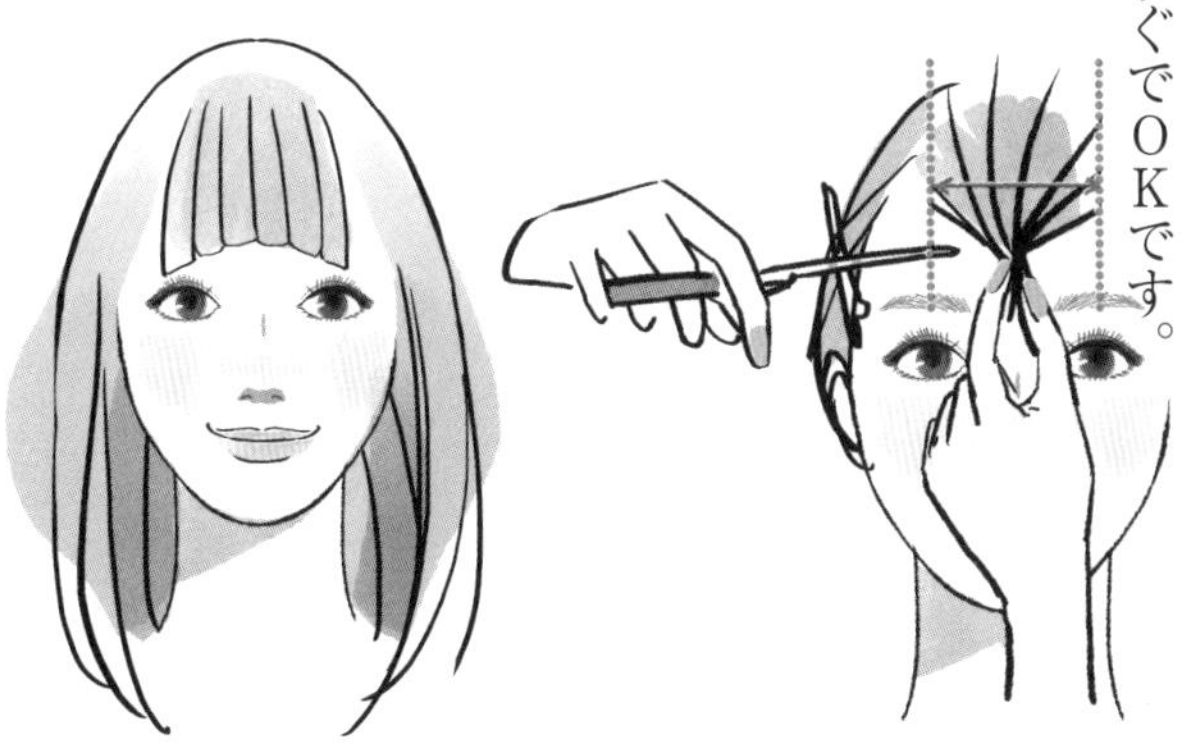

③ぱっつん前髪にしたい場合

ぱっつん前髪にしたい場合は、目じりと黒目の間を目安に髪を取り、髪を触らず、自然に落とした状態でちょこちょこと切ります。

④シースルーバングにしたい場合

これまで目じりと黒目の間を目安に髪を取ると説明してきましたが、シースルーバングの前髪の幅はもっと狭め。

まず、両目の黒目を起点に前髪を取ります。さらに、取った前髪の幅から2センチ上の点を頂点とする三角形になるように取ります。そのまま髪

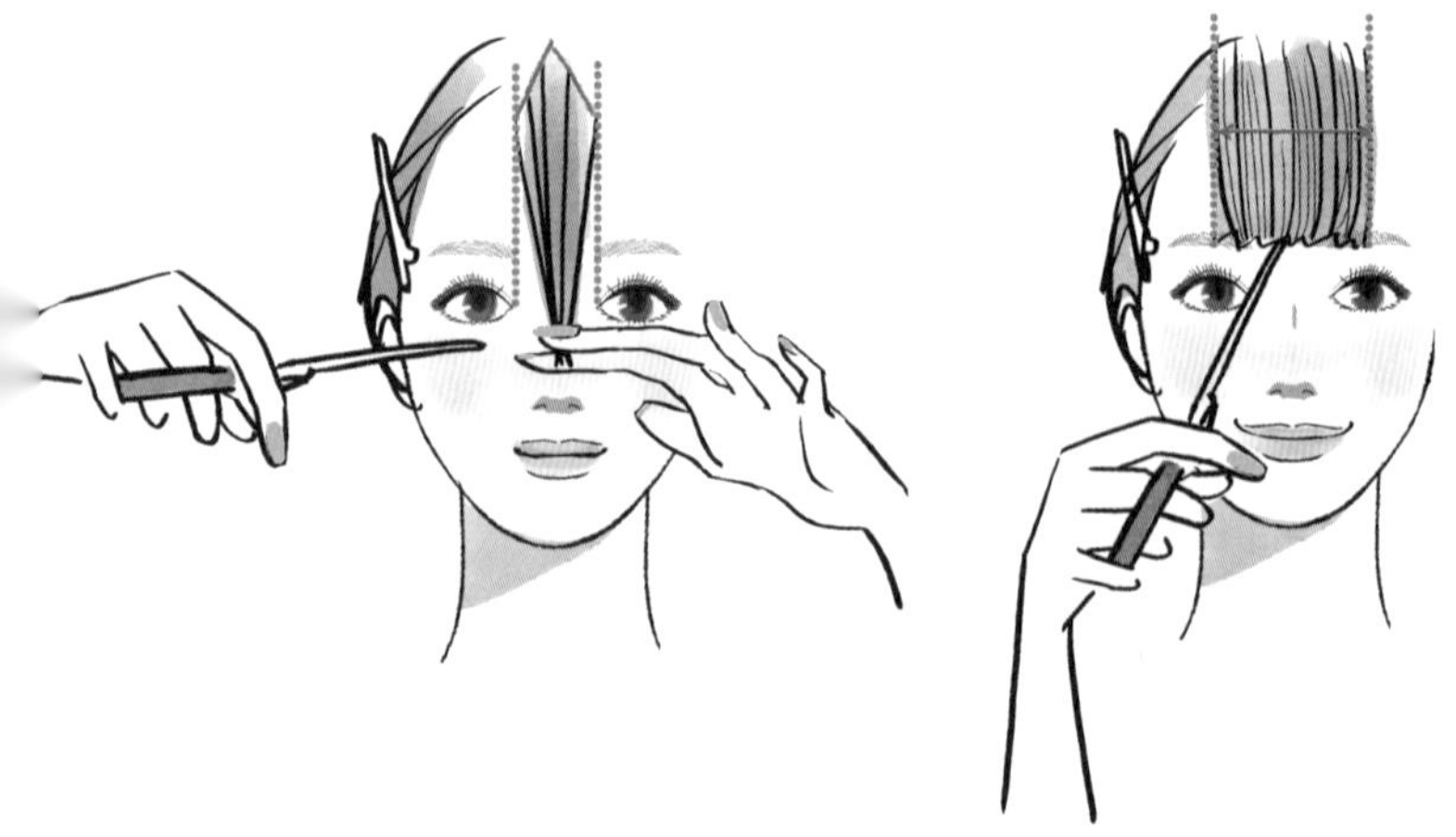

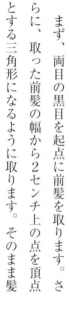

を中央に集めてバッンと切れば、簡易的なシースルーバングの完成です。

すきバサミですく

最後は、前髪を軽くする髪のすき方のテクニックです。

もともと毛量が少ない方、普通の方は必要ありませんが、毛量が多い方はすきバサミで毛先をすくと、軽さがプラスされてより馴染みがよくなります。すきバサミはホームセンターや100円ショップなどで売っているのでぜひゲットしてみてください。

やり方は簡単です。切った前髪を一点に集め、顔に対して平行な位置までひっぱり、髪をすいていきます。すくのは毛先から2センチ程度の部分まで。

まずは一度すいてみて、足りないと思ったらもう少しすく……をくり返してください。一度にすべてをやろうとせず、ちょっとずつ試しながらすくのが失敗しないコツです。

目元ギリギリの長さにすると、前髪の変化が楽しめる

これまでいろいろな前髪をご紹介してきましたが、気分によって違った前髪を楽しみたい！という方もいらっしゃるかと思います。心配無用です。そんな方向けの前髪、ご用意ございます。

ずばり、前髪を目元ギリギリの長さに切っておけば、**スタイリング次第で変化をつける**ことができます。ノーマルなままだと**ぱっつん前髪**。いつもより薄めに前髪を取れば、**シースルーバング**になり、ドライヤーを下から当てれば**立ち上げ前髪**も可能です。

前髪にちょっとした工夫を加えれば、ひとつのスタイルだけではなく、何通りも違った印象の自分を楽しめるようになります。気分はもちろん、その日の服やメイクに合わせて変えてみてください。

ぱっつん前髪

立ち上げ前髪

シースルーバング

第4章

横顔・後ろ姿の美しさは髪で作る

じつは正面よりも横顔がいちばん見られている！

みなさんは、毎朝のメイクやヘアセットでどれくらい鏡を見るでしょうか？「よし、完ぺき！」と思っても、それは鏡を見た正面だけの話。メイクやヘアセットをするとき、どうしても正面ばかり見ていて、横顔や後ろ姿はないがしろになりがちではないでしょうか。いくら正面が完成されていても、横顔や後ろ姿が残念だったら悲しいですよね。

じつは、正面よりも横顔や後ろ姿のほうがまわりの人から見られていると言われています。しかし、見られる回数が多いわりには、横顔や後ろ姿はいつもの手入れでは置いてけぼりにされがち。**「360度どこから見てもかわいい」**を目指すためには、いつもより少し横顔や後ろ姿を意識してみましょう。ここからは、横顔と後ろ姿の整え方についてお話しします。

残念な横顔は耳後ろのボリュームダウンで一発解決

下手すれば横顔なんて、面積の3分の2以上が髪。そう考えると「ちゃんとしたい！」と思えてきませんか？

横顔がちょっと残念だなと思ったら、耳後ろのボリュームを見直してみるといいです。ここは生え方のクセによって誰でもボリュームが出やすい部分。ドライヤーで髪を乾かすとき、**耳後ろの髪を押さえるようにつぶしながらブロー**してあげると、ボリュームがいくぶん抑えられます。横顔がシャープに見えるのはもちろん、前から見たときもすっきり。

さらに横顔をきれいに見せるためのポイントとしては、**えりあしの上のゾーンにボリュームが出るように乾かす**ことです。こうすると横顔にメリハリが出ますし、後ろから見たときに髪がえりあしでくびれて、頭が小さく見えます。

ハチまわりをつぶすだけで、横から見ても美シルエット

ハチが張っている人は本当に多いのですが、何もしないと、頭が四角く出っ張って大きく見えるという事態に……。横顔や後ろ姿も正面と同様に、ハチ張りによって頭が大きく見えてしまうのは避けられません。

そこで、みなさんにはハチまわりのドライ方法を意識していただきたいと思います。**ハチまわりは手で押さえるなどしてつぶしながら乾かしましょう。**すでに出っ張っているのにこれ以上ボリューミーにしてしまってはたいへんなことになってしまいます。

逆に、ハチまわりよりも上のゾーンはふんわりボリュームが出るように、**頭頂部を指で軽くつかんで温風を当てる**ように乾かします。こうすると、横から見たときになだらかなカーブができ、美しい横顔シルエットができます。

横顔美人に見える顔横の毛流れとは?

第2章で正面から見たときのひし形のシルエットを目指しましょうとお話ししましたが、じつはこれ、横顔にも同じことが言えます。

ひし形の角を鼻先に見立て、前髪よりも外側、顔横の毛を後方に持っていきます。昔の聖子ちゃんカットのように**後ろに向かって流れる顔横の髪**を作るわけです。

結論から言ってしまうと、**これをやってかわいくない人はいません**。ただ、この毛を作るのはかなり難しく、セルフカットで作ると失敗する確率が高いので、美容師さんに作ってもらうことをおすすめします。簡単そうに見えますが、じつは繊細な毛。「天使の羽」「フェザーバング」などと呼ばれることもあり、**横顔が格段にきれいに見えます**。丸顔の人はこの毛を作ることによって丸っこさが解消されるので特におすすめです。

「耳にかけるとハゲて見える」は、解消したついでに小顔効果も！

耳にかけるとなぜかハゲて見えてしまう……。この悩みを抱える方の多くは、おでこの生え際がM字タイプの方です。このお悩みは、前髪の幅を広げるカットで解決できます。次回美容室に行ったときにオーダーしてみてください。

オーダーの仕方を説明します。前髪からこめかみ部分までのハゲて見える内側を前髪として切ります。すると、ハゲ部分が隠れ、耳にかけても気になりません。

さらに、このカットのいいところは、小顔効果に作用すること。横顔もひし形のシルエットを目指すと美人に見えますが、この場合は「顔まわりを沿うように落ちる髪」でひし形を作ります。

まず、横顔で見たとき、鼻をひし形の角に見立てます。前髪のラインからゆるやかに降下し、**ちょうど鼻の位置で、「ハゲを隠すために作った顔まわりの髪」がカーブするように切る**と、輪郭がきれいに見え、小顔になれます。これは美容師にしかできないカットなので、自分で切ろうとせず美容室でお願いしましょう。

髪を耳にかけたほうがいい人、かけないほうがいい人

「耳にかけると横顔がきれいに見える」といいますが、じつは耳かけにも向き不向きがあることをご存じですか？

まず、耳にかけたほうがきれいに見えるタイプは、面長と逆三角形タイプの方。両タイプともあごがとがっていることが多いので、耳にかけたほうがシャープさが引き立ちます。

丸顔タイプは耳にかけてしまうと球体感が強調されてしまうので、耳かけは避けたほうが無難。そして、条件付きで耳かけＯＫなのはベース型のみなさんです。エラを隠すための顔横の毛を耳にかけると、横顔にメリハリができるでしょう。

耳が後ろについている方、耳の位置が高い方も、バランスが悪くなってしまうことが多いので、耳かけはやめておくのが無難です。

エイリアン骨格女子は前髪ボリューム&後頭部を抑える

僕の個人統計によると、頭のてっぺんが平らな人は7割、残りの3割の人は、イラストのように頭が後頭部に向かって急に上がっています。これは、髪のボリュームに関係なく、骨格が高く上がっているケース。出っ張りのせいで頭が長く見えてしまい、まさに横顔はエイリアン骨格!

思い当たるふしのある方は、**前髪にボリュームを出し、後頭部のボリュームを抑えてあげましょう**。こうすることで、横顔のシルエットが美しく見えます。

横から見たときのバランスを考えると、前髪の幅も広げてあげるとさらにいいです。後頭部に向かって上がっていく頭のかたちのせいで、どうしても髪の毛の面積が増えてしまうので、前髪の幅を広げることによって耳より後ろから後頭部にかけての髪面積を狭く見せます。

もしくは、髪を耳にかけて髪面積を狭くするのもひとつの手。**横から見たときの髪**

面積を狭く、肌面積を広く見せることがカギとなります。

前髪にボリューム

後ろ姿はラウンド型が美しい

世の中にはさまざまな後ろ姿がありますが、僕がもっとも美しいと思っている後ろ姿はラウンド型です。スクエア型などほかの後ろ姿を否定するわけではないのですが、万人にがっちり似合い、もっともエフォートレスな雰囲気をかもし出してくれるのがラウンド型なのです。

ラウンド型とは、**背中に落ちた髪が丸みを帯びていて、前上がりになっている状態**をいいます。頭自体も丸いので、全体のシルエットがきれいに見えます。丸みを帯びている形状は女性らしさとやわらかさがあり、誰にでも似合うかたちです。髪を肩より後ろから前に持ってきたとき、鎖骨から4センチ下までの長さがあれば誰にでもできます。

肝心のラウンド型にする方法ですが、自分で切ろうとすると非常に危険です。美容室で「後ろ髪をラウンド型にしてください」「前上がりになるように切ってください」と言えば、だいたい伝わります。

また、ラウンド型をオーダーする際、毛先に厚みを残してもらうとよりよいでしょう。ラウンド型にしたとき、毛先がスカスカだと貧相に見えてしまいます。すいて軽くするのではなく、**あえて重めにしておくのが後ろ姿美人への近道**です。

もし、現状の毛先がスカスカ状態でしたら、一度切って厚みを整えていただければと思いますが、応急処置としてご提案したいのは、ヘアアイロンで毛先を内巻きにワンカールさせること。こうすることで、毛先にある程度の厚みがプラスされます。ワンカール以上くるくる巻いてしまうと、どんどん毛が動いてしまい、逆にスカスカ感が強調されてしまうので注意しましょう。

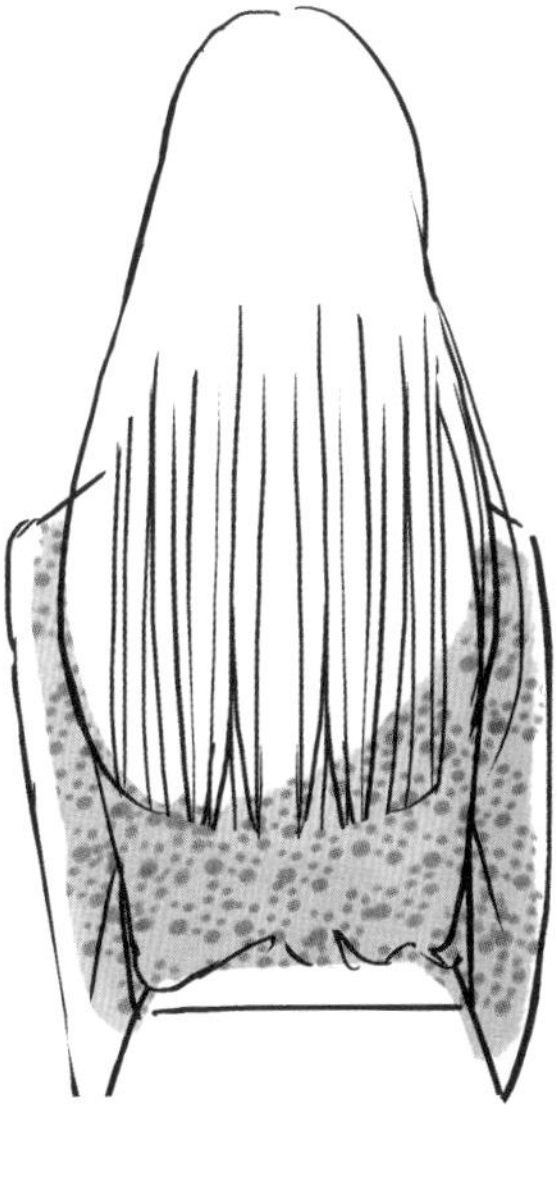

髪型迷子なら、Aラインシルエットを意識する

毛先がスカスカ状態ならワンカールさせて厚みをもたせるという話を前ページでしましたね。なぜ、毛先に厚みをもたせたほうがいいのか？　それは、Aラインのシルエットの後ろ姿を目指すためです。

毛先がスカスカの軽い状態だと自然と頭頂部のボリュームが気になってしまいます。いわゆる頭でっかちの状態です。そこで、**毛先にある程度厚みをもたせることにより、きれいなAラインを保つ**ことが可能になります。

どんな人にもAラインシルエットは似合うので、髪型に迷っている方はぜひ一度は試してもらいたいです。

トップは、骨格が張ったハチまわりをつぶすことが理想ですが、ハチだけつぶすとなるとこれはなかなか難しいですよね。そんなときは、頭のてっぺんに高さを出すことと意識してドライヤーでブローしてみてください。頭頂部の髪を軽く手でつかみ、根

元を立ち上げるようにドライヤーを当てると自然とトップが立ち上がります。**トップに高さが出ると、自ずとハチまわりがつぶれて見える**ため、理想のAラインシルエットに近づくことができるのです。

なで肩、いかり肩で、似合う髪の長さは違ってくる

理想の髪型を考える際、肩のかたちや首の長さ、太さも、外せない要素です。肩の種類は大きく分けて3種類。「なで肩」「いかり肩」「普通肩」です。普通肩の方は特段意識することはありませんが、なで肩といかり肩タイプは髪型作りにおいて注意すべきポイントがあります。なかにはショートヘアにすると危険な場合もあるので要注意です。

まず、**なで肩**の方は、**鎖骨ラインにボリューム**をもたせたほうがいいです。肩がゆるやかに降下している部分を髪のボリュームで補填し、Aラインのシルエットを目指しましょう。

なで肩の方がショートヘアにすると、猫背に見えやすいという特徴をもっています。肩が下

［なで肩］

がっているぶん、首の長さを強調しすぎないほうが安全。首が長いなで肩タイプがショートにしてしまうと、もはや首長竜のようになってしまいます。

逆に**いかり肩**タイプは、鎖骨ラインにボリュームを出すと逆効果に。がっちりした肩幅がさらに強調されてしまうので、**ボリュームを出すとしたら胸より下のライン**を目安にしましょう。もしくは、ストレートなどの**タイトなヘアで肩まわりを締める**のがベターです。

いかり肩で首が短い方がショートにすると、ロボットのように詰まった印象になる危険性があります。このタイプはショートではなく、鎖骨下の長さでスタイルを考えたほうがいいでしょう。

［いかり肩］

首が長い人は面積を埋め、首が短い人は首を出す

首が長い方のほとんどは、あごから肩の間くらいの長さのボブが似合います。首が長いタイプは首の長さが強調されると頼りなく貧相に見えてしまうので、ある程度長さがあったほうがバランスがとりやすいわけです。ただし服との兼ね合いもあり、一概には言えません。

僕のお客様にも首が長い方がいらっしゃるのですが、季節によって髪の長さを変えていらっしゃいます。ハイネックなどで首まわりが詰まってくる冬の季節はショートを楽しみ、ノースリーブなどで首元があく夏までに髪を伸ばし、首元を埋めていく計算は見事なものです。ショートでなく、ミディアムからロングの場合は、正面から見たときに首後ろに髪があるほうが、首の長さが強調されにくいです。絵画に背景（＝髪）があるイメージで、首まわりの空間を埋めていきます。

逆に**首が短い方は、首まわりをタイトにしたい**ので、膨張しないようにスタイリングするのがポイントです。

360度こなれて見える、ひとつ結びの方法

ここまで横顔や後ろ姿の整え方のお話をしてきましたが、すべて〝髪を下ろす〟ことが前提のお話。とはいえ、伸ばしかけだったり仕事中に邪魔になったりして、髪を結ぶシーンも多いかと思います。せっかく結ぶのであれば、ただ束ねただけではなく、ちょっとしたこなれ感がほしいところ、ですよね？

ここでは**さっと結べてすぐおしゃれに見える、ひとつ結びのテクニック**について触れていきたいと思います。

これまではおもに「面長」「丸顔」「ベース型」「逆三角形」と顔型を4つに分けて説明してきましたが、結び方においてのチーム分けは《面長か、面長以外か》。この2点に分けて説明していきたいと思います。

まず、結び位置について。**面長さんは、高い位置で結んだほうがいい**です。低めに結んでしまうと顔の長さが強調されてしまうため、後頭部よりも少し下くらいの位置

を目安に結びましょう。逆に**面長以外の方は、低め位置で結んだほうがバランスよく決まります。**

面長以外の方は、結んだあと、トップの髪を少し引き出してみましょう。ひっつめ髪のように結ぶとつるんとしてしまいあか抜けませんが、トップのボリュームが少しあるだけでずいぶんと変わってきます。

面長は高い位置で結ぶ

なお使用するのはナイロン製のゴムがいいと思います。目立ちにくく、2〜3回巻けば留まるので初心者にもおすすめ。黒や茶、透明などゴムの色にバリエーションがあるので、髪色によって選んでみてください。毛量が多いタイプの方は、二重にしましょう。

さて、ここからが重要です。髪を結ぶだけで終わってはいけません。ポイントを絞っておくれ毛を出しましょう。**おくれ毛は顔のコンプレックスを隠してくれたり、輪郭や骨格のバランスをよくしてくれる重要な毛**です。基本は、こめかみ、もみあげ、耳後ろに出してあげるとポニーテールでも一気にこなれ感がアップします。

面長さんは、こめかみにおくれ毛を出してしまうと顔の縦長感を強調してしまうので、おくれ毛はもみあげだけにとどめてください。もみあげにおくれ毛を出すと、正面から見たときにひし形バランスとなり、第一印象が整います。

面長以外の方は、こめかみともみあげにおくれ毛を出してあげるといいでしょう。エラが張っていたり、頬骨が出ていたりなど気になる顔のパーツをおくれ毛でカバーするイメージです。また、裏技ですが、首の太さや細さが気になる方は、耳後ろからおくれ毛を出すと、陰影ができてカバーすることもできます。

おくれ毛の毛量は3~5ミリ幅程度。太く出すと一気に野暮ったく見えるので、**できるだけ細めに出すのがポイントです。**指でつまんで引き出すのではなく、**爪を立ててかき出す**ようにするとやりやすいです。おくれ毛は繊細な印象が命。少しずつ様子

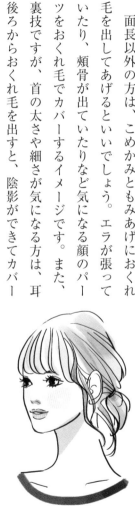

を見ながら引き出してみてください。

ちなみに顔立ちが濃かったり、クールだったりする方は、おくれ毛を出さず、ピタッとタイトに決めてシャープな雰囲気に統一したほうが魅力的です。対して、顔立ちが薄めだったり、かわいい系の方は、おくれ毛を出したほうがこなれ感が高まります。

さて、ここでもうひと工夫。**出したおくれ毛をヘアアイロンでちょっと巻くと、こなれ感がグッと高まります**。ボサボサなまま出しっぱなしにしていると、「おくれ毛」ではなく「やつれ毛」に見えてしまいうので、要注意です。

おくれ毛が長い場合は、自然なカールになる「S字カール」がいちばんかわいく決まっておすすめです。巻き方を説明しますね。まずは、毛先を外ハネ巻きに。その後、中間に内巻き方向のクセづけをします。これでS字カールは完成です。

おくれ毛が短い場合は、内巻きに巻くだけでかわいくなります。おくれ毛は適当に巻いてもわりとかわいくなるので、難しければどんな巻き方でも大丈夫です。

また、巻き終わったおくれ毛に、少量のオイルを指先でつけましょう。**オイルをつけると、ツヤ感が出るので、一気に今っぽい雰囲気**が高まります。

第5章

失敗しない巻き方のテクニック

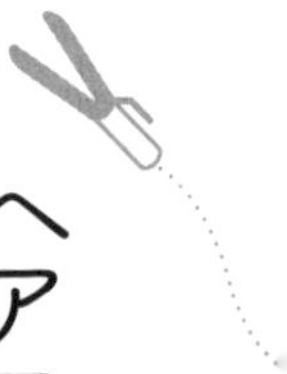

ヘアアイロンの温度は、経験値と髪質でチョイス

さて、ここからはヘアアイロンの使い方について説明していきます。普段ストレートでも、巻くだけでカールヘアが楽しめたり、いつもとちょっと雰囲気を変えられたりするのがヘアアイロンのいいところ。今ではひとり1台持っているのが当たり前と言われるくらい、女性にとって必須アイテムになったと思います。

ヘアアイロンの使い方のお話をする前にまず、みなさんに知ってほしいのは設定温度について。温度が高ければ高いほどいいと思われている方が多いのですが、じつは**自分のアイロン経験値、髪質によって設定温度は変えるべき**ものです。最近のヘアアイロンは200℃近くまで設定できるものが多いのですが、必ずしもマックスの温度にしなくたって大丈夫。低温といわれる100℃だって考えてみればお湯の沸点です。相当熱いですし、きちんとカールのかたちはつきます。

ヘアアイロンにあまり慣れていないという方は、設定温度は100~120℃くら

いの低温に設定し、じっくりとカールを作るイメージで行いましょう。低温にするとパキッとしたかたちはつきにくいですが、カールを作ることは充分できます。一か所に3秒以上当てないように手早く行ってください。

低温で巻いてもかたちがつきにくい、カールが取れやすいという方は高温設定を使ってくださいというのが僕の持論です。髪質が硬く、ごわつきがあるタイプの方、グリンとした強めのカールをつけたい方も高温がおすすめ。むしろそういう方は、高温でないとカールがなかなかつかないと思います。

そして、**比較的カールが取れやすい軟毛タイプの方は160℃前後**の温度で巻くといいと思います。高温にしない代わりに、カールを作ったら必ずスプレーをかけるなどして固定するようにしましょう。軟毛タイプは100℃レベルの低温だとすぐ取れてしまううえに、高温で巻くとダメージがつきやすい髪質。中間くらいの温度がちょうどいいのです。

ちなみに、長さによって巻き方は変えるべきですか？という質問をよくいただきますが、これはばっかりは好みの問題。ゆるくしたいときは低温で、しっかりめのカールにしたいときは高温で……くらいの感覚で、カールの違いを楽しんでください。

「お手軽3本巻き」で作る美しいAラインシルエット

僕が**もっとも美しいと思う巻き髪は、すそに広がりのあるAラインシルエット**です。これを作るためにご提案したいのが、ヘアゴムを使用する「お手軽3本巻き」。ぐるぐると何回転も巻くイメージが強いヘアアイロンですが、この方法は**3か所をそれぞれ1回巻けばOK**。ゴムで髪をまとめることによって、たった1回の内巻きでも毛先が多方向に散らばり、**今っぽいニュアンスを簡単に作り出す**ことができます。

また、ハチが張ったアジア人の骨格には朗報！　毛先にボリュームを作ると、頭の四角さが目立ちにくくなります。「お手軽3本巻き」は、**顔立ちや顔型に左右されず、誰でもかわいく決まる**巻き方です。まさにエフォートレスを象徴するスタイル。

もちろん、ストレートアイロンでも対応可能です。むしろクセの強い方は中間からのクセをストレートアイロンで伸ばしつつ、毛先にカールを作るのもおすすめ。中間からアイロンをすべらせ、毛先の地点でクイッと内巻きにするだけです。

Process

ゴムで結んでから
毛先を巻く

ざっくりと髪を3つに分けていきます。ハチ上と、右左の3か所に髪を分け、ゴムでゆるく結びましょう。

Start

3つに分けて結ぶ

余った毛は
その都度巻いて

完成

ランダムなカールが完成

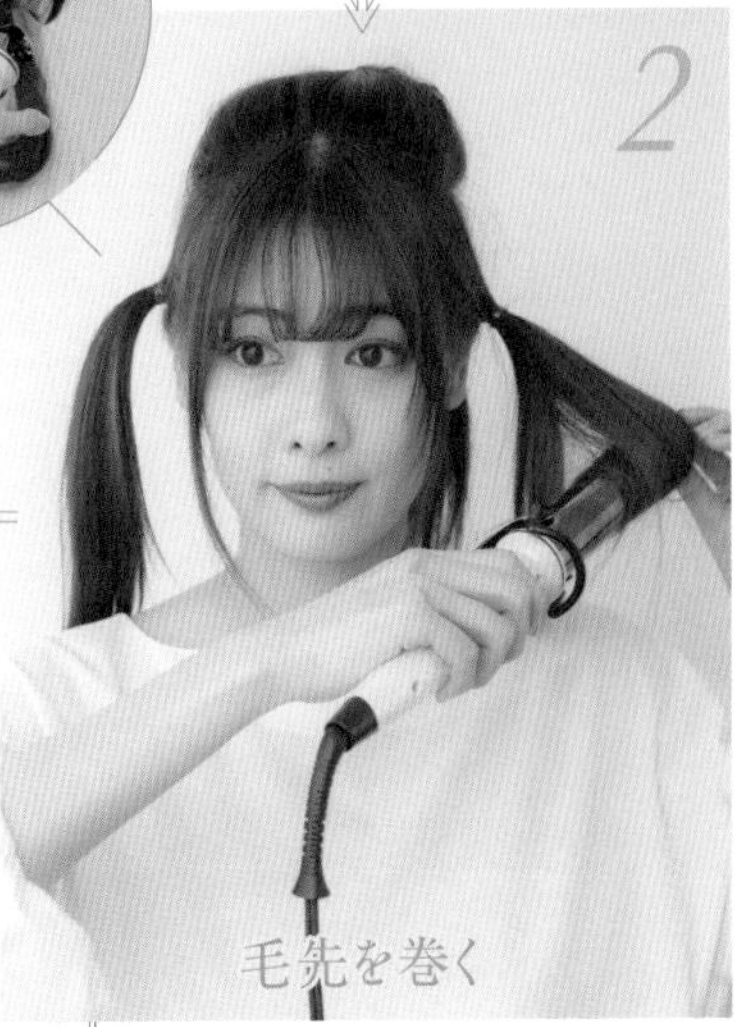

毛先を巻く

3か所すべて巻き終わったらゴムを外して軽くほぐして完成。毛先がランダムに散っているのがこなれ感のポイントです。

3か所の髪を内巻きにしていきます。髪の長さによりますが1回転巻き込み、巻きもれた髪はその都度巻きましょう。

ナチュラルな前髪カールの作り方

Start

1

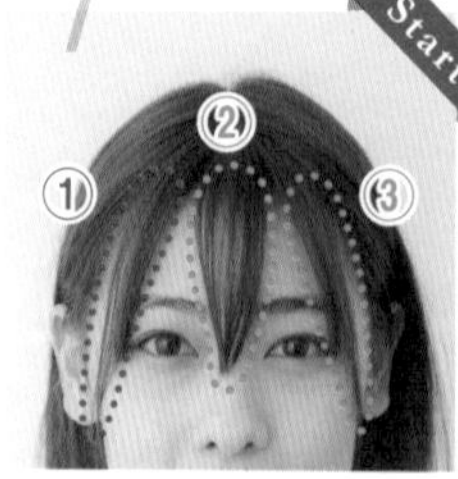

前髪を3つに分けます。右に流す場合は②→①→③の順に巻いていく。

2

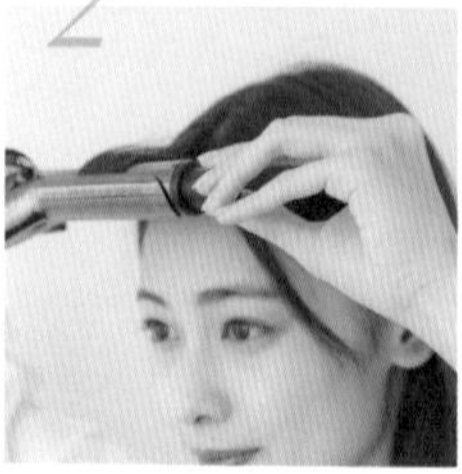

おでこの丸みに沿ってカーブさせるように②の部分を内巻きにします。

3

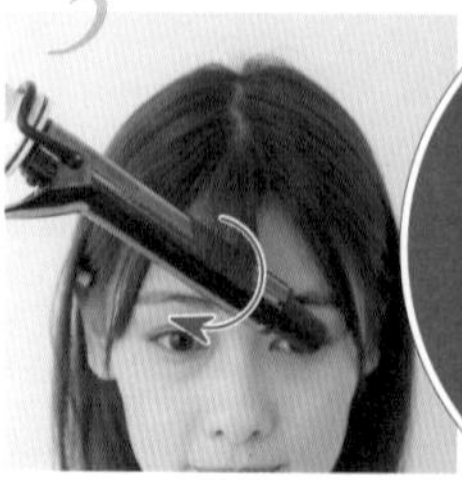

右に流す場合、アイロンの持ち手が上になるように右方向にアイロンを抜きます。

Check!

左に流したいとき

左に前髪を流したい場合は②→③→①の順に巻き、アイロンの持ち手が下になるように抜きます。

4

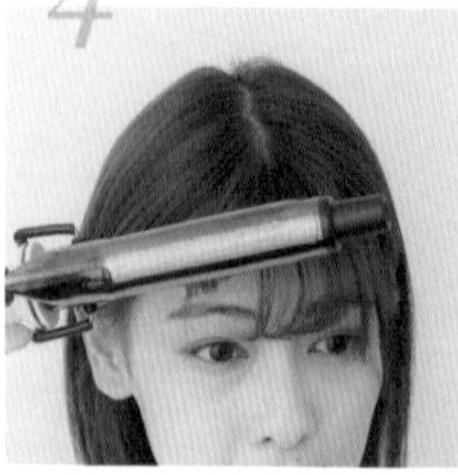

②の髪を少し巻き込むようにして頭の傾斜に沿い、アイロンを傾けて①を内巻きに。

5

最後に左サイドに残している③の部分だけを巻いていきます。

6

③の中間から毛先を内巻きにします。①と②の髪を巻き込まないように注意。

ナチュラル前髪は、作り込んでいる感を出さず、さりげない丸みを出していくのがポイント。カールを巻きすぎると〝やりすぎ感〟が出てしまうためエフォートレスな前髪とはかけ離れていきます。

また、前髪は一気に巻こうとしてしまいがちですが、**3つに分けて順序よく巻いていく**とスムーズに巻けるうえ、失敗しにくくなるのでおすすめです。

カールアイロンはストレートアイロンと違って、本体に丸みがついているため、〝**意識してすべらせながら動かす**〟という動きが重要になってきます。熱がある状態で留めていると丸みがつきすぎますから、常にすべらせるということを意識しましょう。同じ場所で**3秒以上止めていてはいけません**。

すべらせる際、レバーで髪をはさんだ状態のまま引っ張ると、髪も一緒にズズズっと引っ張られて痛くなってしまいます。レバーで髪をはさんだら、数ミリ程度浮かせながら徐々に動かしていきましょう。

頬骨・エラをカバーする顔まわりの巻き方

頬骨が出っ張っている丸顔さんや、エラ張りのベース型タイプの方は特に必見！　顔まわりの毛の巻き方次第でそのコンプレックスを解消することができます。意識すべきは、**正面から見たときのシルエットがひし形**になっているかどうか。そのためにこめかみともみあげの毛を巻いて曲げ、理想のひし形シルエットを作っていきます。

こめかみの髪は、外向きに1回転すると頬骨の出っ張りをカバーする毛に早変わり。この部分、間違えて内巻きにしてしまうと頬骨の出っ張りを逆に強調させてしまうので注意が必要です。**もみあげの髪は、エラの部分をえぐるようにS字に曲げる**と、エラの出っ張りが目立ちにくくなり、さりげない小顔効果を発揮します。

顔を隠そうとするあまり、顔まわりの髪を内巻きに巻いてしまうのは、ただ顔まわりを重たく見せているマイナス効果にほかなりません。顔まわりの髪を外向きに巻き、顔を出すことが美しさの第一歩です。

Process

こめかみともみあげを巻く

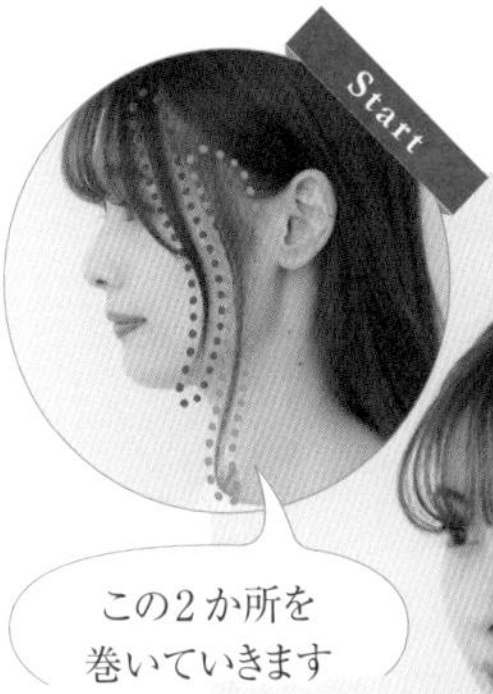

こめかみの髪をひと束取り、中間から毛先を外巻き一回転。頬骨のあたりからゆるやかに曲がるようにカールさせるのがコツ。

巻きあがりは
こんな感じ

もみあげの髪をひと束取り、中間から内巻きに2回転させ、S字のカールを作ります。エラをえぐるように曲げるのがポイント。

顔まわりの髪がくの字状に曲がった完成図。特にこめかみの毛が外ハネ向きに流れる様子は“守ってあげたい感”のあるモテの雰囲気を醸し出します。

ストレートアイロンで前髪を巻くときは、はさむ向きに注意

1

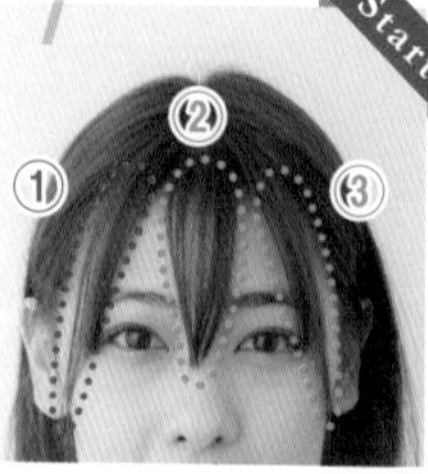

前髪を3つに分けた状態でスタートしましょう。

2

②の髪を前へゆっくりと引っ張り、はさみ口が頭から一直線になるようにします。

3

徐々にアイロンを曲げ、毛先にゆるやかな丸みをつけていきます。

NG!

曲げすぎ注意！

はさむ向きを縦にしすぎると髪が直角に折れ曲がってしまうので注意！

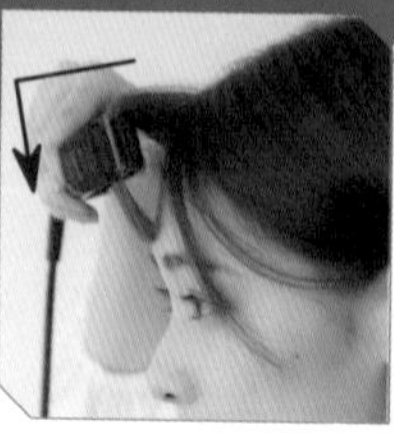

4

右に流す場合、持ち手が上になるようにアイロンを抜きます。少し丸みをつけて。

Check!

左に流したいとき

左に前髪を流したい場合はアイロンの持ち手が下になるように抜きます。

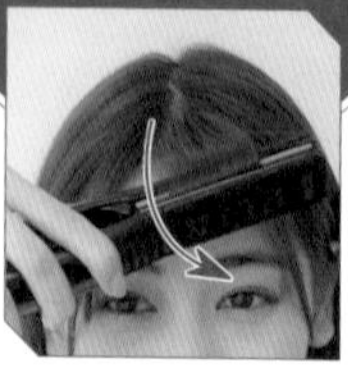

5

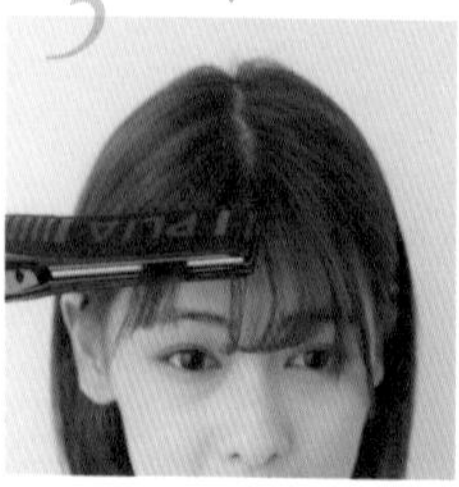

②の髪を少し巻き込み、頭の傾斜に沿いながら①（左に流すときは③）の髪にアイロンを入れます。

6

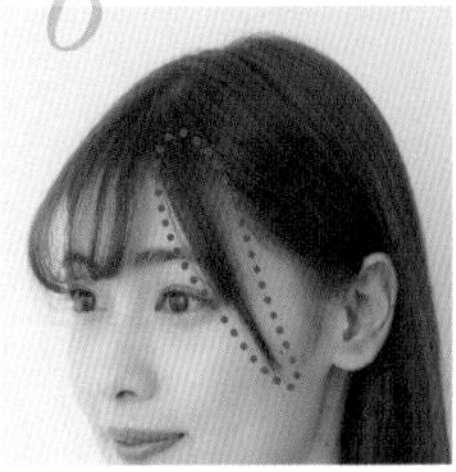

最後に左サイドに独立している③（左に流すときは①）の部分だけを巻いていきます。

7

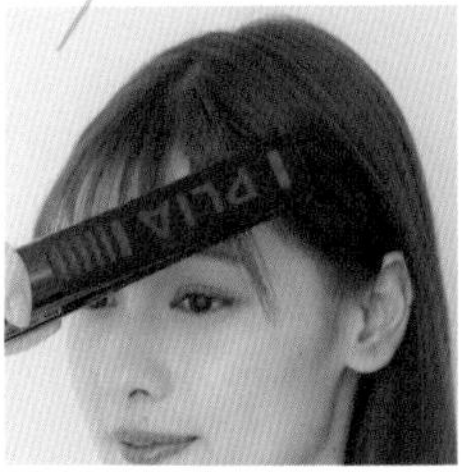

中間から毛先をはさんですべらせ毛先に少し丸みがつくようにアイロンを抜きます。

ストレートアイロンはうねりやクセを直すほか、毛先に丸みをつけ、ナチュラルな前髪を作ることにも使えます。**カールアイロンよりやけどしにくく、おすすめ**です。

大事なのは、髪をはさむ向きです。ストレートアイロンを入れるときは、はさみ口が頭から一直線の角度になるように、**水平気味**に入れます。前方に向かって髪をピーンと引っ張るようなイメージです。そして、そのまま地面に向かってゆるやかに、カーブを描くように毛先に丸みをつけながら、アイロンを抜いていきます。

ストレートアイロンを使ってうまくいかないのは、はさみ口の角度を誤っていることがほとんどです。最初にはさむ向きが、NG!写真のように垂直気味になってしまうと、髪が直角に曲がり、変な方向にカクンと折り目がついてしまいます。

やけどしちゃいそうなら、バックトップはカーラーで立ち上げる

ヘアアイロンは高温になるものなので、見えない部分の作業は、特に注意が必要です。

バックトップは根元にもヘアアイロンを使ってボリュームを出すのが理想ですが、慣れないとジュッとやけどをしてしまうことも……。インターネット動画でよく見る、美容師がやっているようなスムーズなアイロンさばきはなかなか難しいと思います。

「簡単に」「安全に」バックトップにボリュームを出したいとき、活躍するのがマジックカーラーです。１００円ショップでも販売されており、意外と簡単に手に入るこのアイテム。これを使ってバックトップにボリュームを出していきましょう。

マジックカーラーの基本の太さは32ミリくらい。毛量が多い方、髪が長い方は気持ち大きめのカーラーのほうが巻きやすいので、髪の長さに応じてカーラーを太くしていくといいでしょう。たまにつけたまま歩いていらっしゃる方を見かけるので、くれぐれも取り忘れ注意です。

Process

ふんわりトップをかなえるカーラー術

頭頂部の髪1〜2センチを取り、カーラーを入れます。カーラーを根元に押し込み、毛先を上方向に引っ張るとスムーズ。

頭頂部にカーラーを仕込んだ状態。このままメイクなどの朝支度をして放置時間を長くすると、よりボリュームがつきやすくなります。

仕上げにドライヤーで温風を当てます。髪が温まってきたら、今度は冷風に切り替えて髪を冷やし、ボリュームを固定します。

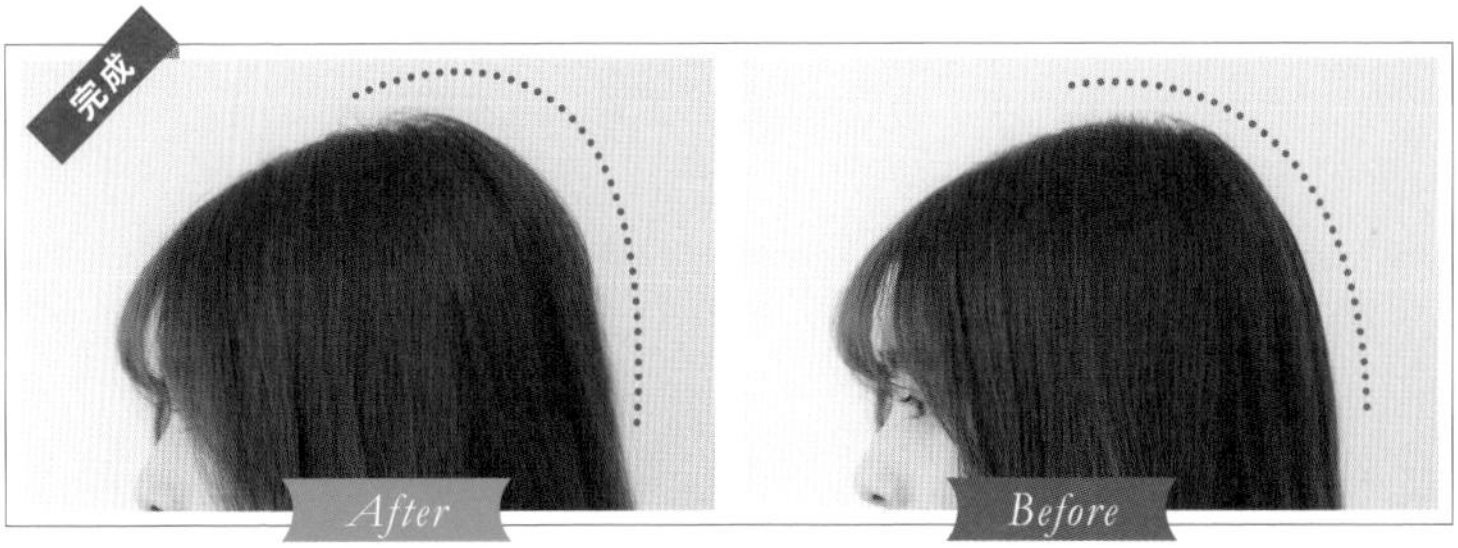

ゆるいカールが作りたいときは マジックカーラーで毛先巻き

マジックカーラーは、トップの立ち上げだけでなく、毛先巻きにも使えます。ただし、熱で髪を曲げるヘアアイロンに比べるとやはり、取れやすく、時間もかかるので「ゆるいカールを作りたいとき」「髪を傷ませたくないとき」「時間に余裕があるとき」などにチャレンジしましょう。この方法は失敗しても直しがききやすいので初心者の方にもおすすめの方法です。

カーラーを髪に巻き終わって温風と冷風を当てる際は、表面だけではなく、4の写真のように内側からも当て、**多方向から風を当てる**ようにしましょう。全方位から温風・冷風を当てることでカールの持続性を高めます。

さらにカールを持続させたい場合は、キープ用のヘアスプレーを使うのがおすすめです。**スプレーは上からではなく、髪の下から当てる**とかたちを崩さずキープ力が高まります。

Process

カーラーを巻いて温風で固定

毛先からカーラーを巻く

毛を下に引っ張りながらカーラーで巻き込んでいきます。毛量によりますが、髪は前後左右4つに分けて巻くのがおすすめです。

少し多めに巻き毛を押し込む

1回転半を目安に気持ち多めに巻き込み、カーラーが落ちてきたときに1回転になるよう調整。最後はギュッギュッと毛を押し込みます。

巻き終わりの状態

均等に巻くと仕上がりがきれいです。

温風と冷風を当てる

仕上げにドライヤーで温風を当て、髪が温まってきたら冷風に切り替え、髪を冷やします。その後ゆっくりカーラーを取り外しましょう。

完成

ツヤ髪を演出する表面だけストレートアイロン

クセやうねりがあったり、髪が広がりやすい方は、**表面に見えている髪にだけストレートアイロン**を当て、髪にツヤを作るのもひとつの手です。

まず、ストレートヘアの土台づくりとして、コームで髪をとかすという工程が必須となってきます。アイロンを通す前に髪の方向を均一に整えておくことで、よりまっすぐな髪が実現。これをやるとやらないでは、大きな差があります。

あとはストレートアイロンをすべらせるだけですが、注意したいのはアイロンの温度。高温は髪にダメージを与えてしまうためNGですが、低温すぎても髪が伸びない。そこで僕は**130~150℃の中間温度**をおすすめしています。髪が太い方は、150℃くらいないとまっすぐにならないので、気持ち高温寄りで行うといいでしょう。仕上げにヘアクリームをつけると、より髪ツヤが際立ちます。

Process

毛流れを整えてからアイロンを当てる

Start

1
コームでとかす

ツヤを出すためにはまず髪をまっすぐな状態にすることが大切です。コームなどを使って毛羽立った毛を押さえましょう。

2
表面にアイロンを当てる

ハチまわりの表面の髪1〜2センチ程度を薄く取り、ストレートアイロンを中間まですべらせ、髪をまっすぐにしていきます。

完成

3
髪表面にツヤが宿る

表面にツヤが生まれた仕上がりの状態。ストレートアイロンの温度は130〜150℃を目安にしましょう。

巻き終わっても、すぐにカールを触らない

カールが取れやすいというお悩みをよく聞くのですが、ヘアアイロンで巻き終わってすぐに触ってはいませんか？　**カールは温度が冷めたときにかたちが定着する**ものなので、巻いてからすぐに触ってしまうと、せっかくかたち作られたカールが取れやすくなってしまいます。

カールをつけたら**すぐには触らず、冷えて固まるのを待ちましょう。**この時間を待つだけでずいぶんカールの持ちが変わってきます。もっとカールをキープしたいという方は、スプレーをかけてから髪を巻くとカールが固まり、とれにくくなりますよ。

巻く前にも気をつけてほしいことがあります。髪のダメージを抑えたいので、素髪の状態で髪を巻くのはおすすめできません。料理をする際、食材をこがさないためにフライパンに油を引くのと同じで、髪にも熱から守るためにコーティング剤をつける必要があります。このとき、おすすめしたいのはヘアクリームです。ヘアアイロンの熱から髪を守り、美しいカールを保ってくれます。

また、ツヤ出しやスタイリング剤としての役割もあるヘアオイルですが、ヘアアイロンを巻く前につけてしまうと、髪がジュッと焼けるなど、傷みの原因になります。「耐熱ＯＫ」と商品表示に書かれているものは、スタイリング用に作られているので使用しても大丈夫ですが、それ以外は巻く前に使うのは、やめておいたほうがいいでしょう。

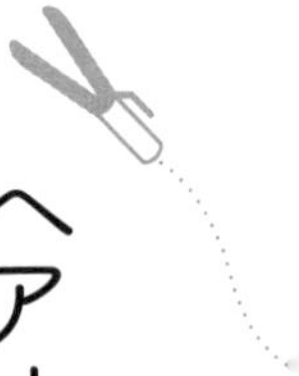

ヘアオイルはつけ方が重要、手を熊手のようにしてかきあげる

いかにナチュラルに色っぽさを出せるか。これが今、髪のスタイリングにおいて、もっとも重要なポイントです。

ヘアアイロンで髪を巻き終わったら、適量のヘアオイルを手に取り、よく伸ばします。その後、**手の指を熊手のように開いて髪をかきあげます**。手を熊手のようにすると、髪にヘアオイルが**ついているところとついていないところ**ができますね。これこそが今っぽさの秘訣。ヘアオイルがついた部分は若干髪が暗く見えるため、髪に立体感が生まれます。ヘアオイルがついていない部分との質感と交わり、**無造作なスタイルが完成**。これが今のいちばんおしゃれな質感です。

昨今エフォートレスファッションというジャンルが確立されてきましたが、〈がんばりすぎない〉〈ほどよく力の抜けた〉といった質感を表現できるのがこのスタイリング方法だと僕は考えています。また、仕上げにヘアオイルやヘアクリームをつけることで、より髪のツヤっぽさを際立たせることができます。

ただし、根元からつけるのはご法度《はっと》です。つけすぎたヘアオイルが髪に残ると、ダメージの原因にもなりますし、油分が根元に溜まっている様子はまるで髪を洗っていない人のようで、素敵とはいいがたい。前述した手を熊手のように開いてかき上げるときも、根元を触りすぎないようにしましょう。

ヘアオイルは、根元を避けて中間から毛先につけ、表面をなでてあげるくらいがちょうどいいのです。ちなみに髪が細いタイプの人はオイルをつけすぎるとペタッとなりやすいので特に注意が必要です。夕方になるとヘアオイルの油分と自分から出てきた皮脂で頭を洗ってない人のようにベタベタになってしまうので、つけすぎないでくださいね。

第6章

髪を切るより変われるホームケア新常識

明らかに差がつく！美しい髪を生やしてツヤをキープする方法

お金はシャンプーにかけ、美しい髪を育てる

ホームケアの見直しは、髪を切らずに変わるためにもっとも手っ取り早い方法だと言ってもいいかもしれません。みなさんは毎日お風呂に入り、髪も毎日洗いますよね。シャンプーや、トリートメント、髪の乾かし方……。**毎日なんとなくルーティーンでこなしているケア**を改めて見直してみると、髪を美しくするためのポイントがたくさんあります。

まずは、シャンプーのお話から始めましょう。結論から言うと、シャンプーにお金をかければ美容室に行かなくても素敵なあなたになれます。

僕は、**トリートメントよりもシャンプーにお金をかけたほうがいい**と思っているタイプの美容師なのですが、その理由は、いいシャンプーを使うことは**次に生えてくる髪への投資**となるから。美しい髪が生える土台を作り上げることによって、美容室に

行かずとも自分で美しい髪を育てることができます。

この話をすると、必ず「市販のシャンプーよりサロン専売のシャンプーを買ったほうがいいですか？」と聞かれます。はっきり言ってしまうと、**サロン専売のシャンプーを買ったほうが髪には断然いい**です。クレンジングや洗顔料にお金をかけるように、髪の基礎となるシャンプーにこそ、お金をかけてほしいと思います。

ノンシリコンが絶対いいというわけじゃない

「ノンシリコンのほうが髪にいい」という風潮がありますが、決してシリコン自体が悪者というわけではありません。シリコンにもいいものと悪いものがあるため、一概にそう決めつけられないのです。**いいシリコンと悪いシリコンの違いは、髪に残るか、残らないか**。この点のみです。

ざっくり言うと、ほとんどの市販のシャンプーやトリートメントに含まれるシリコンはあまり質がいいとは言えず、比較的髪に成分が残りやすいです。シリコンの成分が髪に残ると、酸化やダメージ、ニオイの原因となってしまいます。逆にサロン専売シャンプーに入っているシリコンは、お値段が少々張るぶん良質なもので、余分なシリコンが流れやすくなっています。

市販のシャンプーを使うと、残ったシリコンによってベタつくこともあるため、よく洗い流す必要があります。これに対し、サロン専売シャンプーのほとんどは髪をやわらかく洗い上げ、シリコン残りがなくしっかりと汚れを洗い流してくれます。

シリコンの良し悪しがシャンプーの値段に反映されている。――残留シリコンによるデメリットを考えると、少し高くてもサロン専売シャンプーを購入したほうが美しい髪のためには安心だと、僕は考えています。

市販シャンプーがダメなのではなく、危ない成分に気をつける

基本的にはみなさんにサロン専売シャンプーをおすすめしたいのですが、市販の商品を否定しているわけではありません。市販シャンプーを使う場合、チェックしておくべき危険な成分があるということだけ頭に入れておきましょう。

市販シャンプーを買うときは、裏面の商品表示を見てみてください。**「ラウリル硫**

酸ナトリウム」「ラウリル硫酸カリウム」と記載されていたら要注意。これらは、洗浄力が強すぎて、頭皮の乾燥やニオイ、フケの原因となります。どれくらい洗浄力が強いのかというと、キッチン用洗剤と同じくらい！　高級アルコールスプレーと同等の成分なので、いかにすさまじい洗浄力かがおわかりいただけるかと思います。

ただし、用途によってはこういった洗浄力の強いシャンプーを使ってもいい場合があります。染めすぎたカラーリングをわざと落としたい場合は、染料を落とす目的で使ってもＯＫです。また、毎日スタイリング剤やワックスを多めにつけるという方も、市販シャンプーの強い洗浄力を利用してもいいと思います。髪が健康で多毛タイプの方が使っても、影響は受けにくいでしょう。

髪の汚れはお湯洗いで落とす

さて、ここからはお風呂に入って髪を洗い、乾かすところまでの一連の動作を追って説明していきたいと思います。普段何気なくやっている動作を見直すことで、ホームケアから美しい髪を作っていきましょう。

お風呂に入って髪を洗うとき、シャンプー剤を泡立てて髪を洗うことをイメージされるかもしれませんが、じつは泡で髪を洗う前に大切なことがあります。それは、「予洗い」です。これは、プレーンリンスとも呼ばれ、**シャンプーで泡立てずにお湯で髪を洗うこと**をいいます。

頭皮の汚れを事前に落とすことによってシャンプーの泡立ちをよくし、頭皮のニオイ予防にもなります。予洗いは1~2分程度行うのが理想的。シャワーを髪に当てながら、指の腹で頭皮をもむように洗いましょう。水温が高すぎると頭皮に悪いので、37℃程度のぬるま湯がベストです。

よく泡立て、マッサージするように洗う

予洗いが十分にできたら、いよいよ泡で髪を洗っていきます。

シャンプーは、水と空気と混ぜ合わさって泡立つという原理を持っているため、適量のシャンプーを手につけ、手のひらでなじませながら、水分が含んでいる状態の髪へもみこんでいきます。こうすると、泡立ちづらいオーガニック系のシャンプーでも

十分に泡立てることができます。

ポイントは、ガシガシ乱暴に洗わないこと。こすると髪同士に摩擦が起こり、枝毛の原因となってしまいますので、空気を入れるようにやさしくもみこみましょう。また、もうひとつ意識すべきポイントは、**爪を立てず、指の腹で洗う**ことです。髪の中の汚れまで落とす気持ちで2～3分間もみこむように洗いましょう。

シャンプー中は、**頭皮全体にざっくり円を描く**ようなイメージでマッサージするのがおすすめ。**頭皮を動かすように指の腹で押します。**血行促進効果もあり、目の疲れにとてもいい。シャンプーブラシを使う場合は、やわらかめのものを選ぶといいでしょう。硬すぎるブラシは頭皮にあまりよくありません。

シャンプーが髪に残ると、いやなニオイの元になります。残ったシャンプーはどんどん酸化していき、髪のダメージにもつながってしまうため、すすぎは完全に洗い流すことを目標にしっかりと行いましょう。

トリートメントは毛先に重点的につける

汚れを洗い落とすシャンプーに対し、トリートメントは髪を保護するコーティングの役割があります。

髪の中でいちばん傷んでいるのは毛先。ご自分の髪を触ってみても、いちばん気になるのは毛先かと思います。

トリートメントは**最初に毛先につけ、どんどん中間に上がっていく**ようにやさしくもみこんでいきましょう。このとき、間隔の粗いコームなどを使って髪になじませるのもOKです。根元には手に残ったトリートメントを軽くつけてあげるくらいで十分。あくまでも毛先から中間のダメージ部分につけるようにしましょう。

髪に動きが欲しい人がトリートメントをすると、ぺたんこになりすぎてしまうのも事実。極論を言うと、ロングやミディアムでなく、髪にサラサラ感を求めていないという方は「トリートメントをつけない」という選択もありだと、僕は思っています。

僕もそうですが、特に男性はシャンプーのみという人がほとんどです。さらっとさせすぎないためにトリートメントを全体につけず、毛先にだけつけるなどの工夫をしてもいいでしょう。

トリートメントは放置しなくていい

髪に栄養を与え、コーティングの役割も担うトリートメント。その成分を余すことなく髪に浸透させたい！と思われる方はたくさんいるかと思います。

しかし、正直にいうと、トリートメントをつけた後、放置時間に比例して浸透度合いが増していくということはないため、トリートメントをつけたらすぐに流してOKです。100℃くらい高温のスチームを髪に当てて浸透させていくというのなら話は違いますが、そんな機械が家にあるという方はなかなかいないと思います。なかには「温かいタオルターバンを巻いてトリートメントの成分を浸透させています！」という方もいらっしゃるのですが、すぐに冷めてしまうタオルでは残念ながらあまり意味はなし。**トリートメントをつけたら流してしまうのがいちばん**です。

トリートメントはしみこませようとするより、髪全体に行き渡らせることのほうが重要だと思います。前述のように粗めのコームでとかすと、ムラなく伸ばすことができます。

さて、肝心のトリートメントの流し方なのですが、僕は流しすぎも流したりないのもよくないと思っています。シャンプーほど念入りな流し方をしなくてもいいのですが、髪に触ったとき、ぬるぬるしないくらいを目安にしましょう。**ぬるぬるが取れ、髪がつるんとしてきたら仕上がり**の合図です。

水分をすべて吸い取る勢いのタオルドライ希望

シャンプーもトリートメントも無事にすませたら、残る工程はドライですね。お風呂上がりに濡れた髪をタオルで拭かれると思いますが、このタオルドライの方法こそ見直していただきたい工程のひとつです。

ガシガシと勢いにまかせて拭くのは枝毛やダメージの原因となるので、今すぐその拭き方はやめてください。

正しいタオルドライの方法はまず、**中間から毛先の髪をタオルでもみこむようにして水分を吸い取ります**。やさしくタオルで髪を包み込み、摩擦を起こさないように心がけて。その後、根元を指の腹でキュッキュと拭いていきます。もちろん、爪を立てたり、こすったりするのはＮＧです。言ってしまえば、ドライヤーで乾かす必要がないくらい、タオルで髪を拭くのが理想。できるだけタオルで水分オフすることを心がけましょう。

なぜ僕がここまでタオルドライを推奨しているのか。それは、**髪がドライヤーに当たる時間をできるだけ少なくしたい**からです。

ドライヤーの熱は、髪全体へ均等には行きわたりません。どうしても乾かしムラが出てしまい、すでに乾いている部分にも不必要に熱が当てられ続けてしまう、オーバードライ状態が引き起こされます。ドライヤーの当てすぎは髪から水分やうるおいを奪い、髪のダメージの原因に……。これを防ぐため、**事前のタオルドライでどれだけ水分が取れるかが勝負**となってきます。タオルドライでできるだけ水分を取っておけば、ドライヤーを当てる時間を削減できるわけです。

ちなみに、吸水率のいい速乾性のタオルを使うと、より早く的確に髪を乾かすことができますよ。

濡れたまま放置した髪は、生乾きの洗濯物と一緒

スキンケアやボディケア、女性のお風呂上がりはやることがたくさんありますね。「肌が乾燥する前に急いで化粧水をぬらなきゃ！」とあせる気持ちと同じように、**「くさくなる前に早く髪を乾かさなくちゃ！」**と思っていただけないでしょうか。

声を大にして言いたいです。みなさん、濡れた髪をそのまま放置してはいけません！濡れた髪よりもスキンケアを優先したい気持ちもよくわかるのですが、せめてタオルでよく拭きとって、髪にタオルをターバン状に巻いてからにしてください。スキンケアが終わったら、迅速に髪を乾かすのが理想的です。なぜなら、濡れたまま髪を放置するのは、**生乾きの洗濯物と一緒**だからです。

お風呂上がりは、頭皮の毛穴が開いている状態。放っておくと、どんどん空気中の汚れやホコリが毛穴に詰まっていきます。それをさらに放置した暁《あかつき》には、菌が発生し、くさいニオイの元になってしまいます。みなさん、髪はぜひ大至急乾かしてください。ここを急がなければ、**恋人に「くさい」と言われてしまうかもしれません！**

乾かす前にヘアクリームをつけて、ツヤ髪を仕込む

乾燥したお肌とツヤのあるお肌、どちらを選ぶかと問われたら、誰だってツヤ肌のほうがいいですよね！　髪も同じです。髪にツヤがあるだけで、問答無用で美人の雰囲気をかもし出しますし、手入れが行き届いているように見えるその様は、若々しい印象を与えます。

髪にツヤが出せるかどうかは、髪を乾かすときが分かれ道。

まず、髪のツヤを作るために必要なのは、**熱から髪を守るヘアクリーム**を使うことです。何もつけずに乾かしてしまうと、静電気が起こったり、オーバードライ状態になったりしてパサツキの原因になります。

適量のヘアクリームを手に取ったら、**特に傷みやすい毛先〜中間へ**つけていきます。ツヤ髪の仕込みはもちろん、ドライヤーの熱から髪を守り、乾き上がりの手触りをよくする効果もあります。毛先から中間をつけ終わったら、手に残ったヘアクリームを根元の毛につけていきましょう。アホ毛をおさめるようにつけるのがコツです。

薄毛や細毛が気になったらヘアトニックがおすすめ

頭皮の悩みを抱えている方は、ヘアクリームをつける前に専用のヘアトニックを塗布しましょう。**頭皮のフケやかゆみ**を抑えてくれたり、**薄毛対策や髪のハリ・コシ**をアップしてくれたり……。その効果は多岐《たき》にわたります。気にされている方はヘアトニックを使うことで症状を緩和することができます。

「薄毛」と聞くとギョッとしてしまうかもしれませんが、ハゲまでいかなくとも**髪がぺたんこになりやすい方**や、**細毛でボリュームが出にくい方**は、一度ヘアトニックを使ってみてもいいかもしれません。だいたい**1〜2か月で効果**を実感するので、継続的に使うことをおすすめします。

前髪は生え際をつぶすようにブロー

いよいよブロースタートです。大事な前髪に変なクセがついてしまったらいやなので、僕は前髪から乾かし始めることをおすすめしています。

「時間がたつと前髪が割れてしまう」

――これは、僕のインスタグラムに寄せられる悩みのなかでも、特に多いSOSです。朝ヘアアイロンできちんとキメてきたはずなのに、お昼ごろにはぱっくり割れてしまう……。そんな方は、前髪の乾かし方に問題があるのかも。ドライ段階で割れにくい前髪を作れるので明日からぜひ実践してみてください。

まず、**前髪の根元は真下に引っ張り、つぶすように乾かしていきます**。前髪が分かれてしまう原因は、髪の生えグセで分かれやすくなっているから。ドライでは、この部分をつぶすことからスタートしましょう。

ある程度根元がつぶれてきたら、今度は**前髪を左右に引っ張り、生えグセをなくす**ように乾かしていきましょう。生え際のクセは簡単には消えてくれないので、分け目を消滅させてやる！　くらいの根気で臨むといいです。

土台が完成したら、前髪を流したい方向とは逆方向へ乾かし、最後に流したい方向に毛流れを整えてフィニッシュ。生えグセをなくし、毛流れを整えたことによって、前髪にある程度の持続性がつきます。土台を矯正しておけば、たとえ風が吹いて前髪がどの方向を向いても大丈夫！

髪は100%乾かそうとしなくていい

ずばり、目指すべきドライの**ゴールは、80〜90%程度乾いた状態**。夜すぐに寝ないのであれば、完全に乾くまでドライヤーを当てないで、少しくらい水分が残っていてもOK。じつは髪を100%乾かさないほうが正解なのです。

むしろ、完全ドライはかなり危険。すでに乾いているところが何度も熱に当たるという、無駄なダメージが蓄積されるリスクを避けるべきだと思います。ロングヘアの場合、根元から中間は完全に乾いたというところでストップしてくださいね。

ついつい外側からドライヤーを当てがちですが、髪は根元から乾かすのが正攻法。毛先は根元を乾かすときにも風が当たって乾くので、外より内を乾かす意識でドライをしていきましょう。

さて、肝心な乾かし方ですが、テクニック次第で翌朝扱いやすい髪を作ることも可能です。**髪の内側から乾かす意識を持ちながら、まず髪を後ろに向かって乾かしましょう**。基本、毛流れは前に向かっているため、後ろに向かって乾かしてあげると髪が自然と立ち上がり、**ふんわりと内巻き**になります。さらに、顔を下に向け、地面に向かって手ぐしを通しながら髪を乾かすと、さらに髪が内巻きに入っていきます。

ちなみに根元をこすって乾かすと、クセが矯正されつつ、適度に皮脂が分泌されて、表面にツヤが出ます。

ドライ後に仕上げのヘアクリーム

予洗いから始まり、シャンプー、トリートメント、タオルドライにドライヤー……。みなさん、たいへんお疲れさまでした。これにてホームケアの見直しの一連の流れは終わり……と言いたいところですが、ドライ後の仕上げを忘れてはいけません。

ドライ後、熱を加えられた髪はうるおいが不足し、砂漠状態にあります。さらなる乾燥を防ぐためには、髪のコーティングが至急必要です。そこで登場するのがヘアクリーム。ドライ前にも髪につけましょうと説明しましたが、ドライ後にも活躍します。

ヘアクリームがドライ後に担う役割は「保湿」。乾燥すると髪同士の摩擦が起こりやすくなり、ダメージの原因となってしまいます。そこで、ヘアクリームで髪を保湿して**ダメージの広がりを抑えられる**わけです。

髪がパサつき、特に乾燥しやすいタイプの方は、ヘアクリームより保湿力のあるホホバオイルがおすすめです。

寝るときは髪に摩擦を起こさせないようにする

美しい髪をキープするためには、できるだけ髪同士の摩擦を起こさないことが大切です。これまでご説明してきた通り、摩擦は枝毛や髪のダメージの大きな原因となります。

そういったことを踏まえて、寝るときに気をつけるべきことは、**まくらとの摩擦をいかに起こさないか**ということ。髪を背中でつぶさないように、まくらの上にバサッと上げてしまうとか、シルクのナイトキャップをかぶるとか、まくらカバー自体をシルクにして髪を摩擦から守るのでもいいでしょう。とにかく**無駄に髪がこすれるのを防いでください**。

「髪が爆発して寝グセがつくのが心配……」という声が聞こえてきそうですが、どうせみなさん寝グセはつくものです（笑）。だったら、髪の摩擦を減らして寝るほうを僕は推したい。**寝るときの髪への意識を少し変えることが、未来の髪の美しさにつながっていく**のです。

これを使えば簡単にかわいくなれる、僕のおすすめヘアアイテム

「何を使ったらいいですか?」という質問は、サロンのお客様からもよく聞かれます。ここでは、僕がいろんなものを試してきたなかで、クオリティが高くて買いやすい、そしてお客様からの評判のいいものをご紹介します。

アイロンデビューにもってこい! 使いやすすぎるカールアイロン

まずご紹介したいのは、カールアイロン。今や自分で髪を巻くというプロセスは多くの女性にとって当たり前になりましたが、だからこそ重視したいのは使い勝手のよさ。昨今、さまざまなアイロンが登場していますが、髪のはさみ心地、すべりのよさはクレイツイオン カールプロSRがいちばんだと感じています。電源を入れてから温まるまでのスピードも早く、圧倒的に多くの美容師が使っているアイロンです。値段もお手ごろなのでアイロンデビューにも最適。ミリ数は基本32ミリを推奨して

いますが、カールが取れやすい方は26ミリタイプを選んでキツめに巻くのがおすすめです。

クレイツイオン
カールプロ SR-32
メーカー希望小売価格：9700円（税抜）
クレイツ 0120-25-9012

髪ツヤも作れる 万能ストレートアイロン

じつは僕、カールアイロンよりもストレートアイロンにお金をかけたほうがいいと思っています。なぜなら、髪をまっすぐにするストレートアイロンはその結果がダイレクトに髪に反映されるから。そんな僕が太鼓判を押したいストレートアイロンは、プライア SSストレートアイロンです。髪の伸びのよさはもちろん、熱を帯びるプレート部分の潤滑性に優れているため、すべりのよさもばっちり。髪ツヤが出やすいのもおすすめしたいポイントです。

サイズ感もちょうどよく、前髪の細かい部分を巻くのにも小回りがきき、毛先全体を巻くのにも使いやすいので、1本は持っておきたいアイテムです。

プライア
SSストレートアイロン
（ヘアサロン専売品）

価格：32000円（税抜）
ルベル／タカラベルモント 0120-00-2831

ケアも速乾も両立させる最強のヘアドライヤー

毎日使うドライヤー。ドライヤーからの熱ダメージは避けられません。でも、パナソニックの ヘアードライヤー ナノケアなら使うだけで髪にうるおいを与えられ、手触りもさらさらに。熱のダメージを与えるどころか乾かすだけでヘアケアに一役買ってくれるのです。

このドライヤーの特徴は、温風が熱くなりすぎず、風力が強いので乾きが早いこと。そして、独自の高浸透「ナノイー」＆ダブルミネラルが作用し、乾かすだけで髪を健やかに美しく保ってくれます。

かたまりすぎず、持ちがいい。微調整可能なヘアスプレー

さて、ここからはスタイリングの話をしていきます。せっかくアイロンなどで作ったヘアスタイル。誰だって、できるだけくずれず、同じ状態をキープしておきたいですよね。僕がいろんなスプレーを使ってきたなかで、いちばん持ちがいいと実感しているのが、スタイリングスプレー オブ ヘア・9SHです。

このスプレーは、広い噴射角度でスプレーが広範囲に噴射されるため、ふんわりと確実にスタイルをキープすることができます。また、スプレーしても〝すぐにかたまらない〟ため、吹きかけた後、髪をいじって微調整できる猶予があるのです。微細な

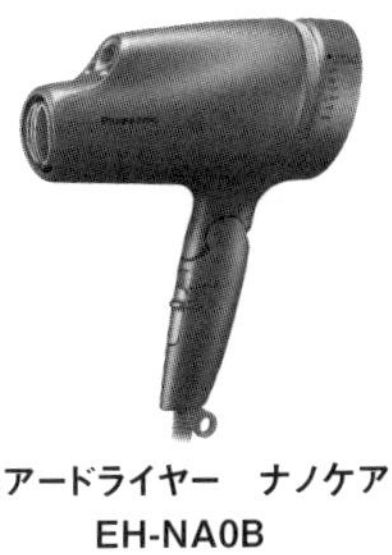

ヘアードライヤー　ナノケア
EH-NA0B

価格：オープン価格
パナソニック 0120-878-697

ニュアンスを作り出すにはもってこいのスプレーです。
ツヤ出し効果、消臭効果もあります。

スタイルコントロール
ハードスプレー・9
（2020年9月
リニューアル発売予定）

価格：2100円（税抜）135mℓ
オブ・コスメティックス 03-6274-6621

硬さの異なるヘアスプレー二刀流で、巻いたカールをキープする

さて、じつはお近くのドラッグストアにも前出のヘアスプレーと同等の効果が期待できるアイテムはあります。銘柄は問いませんが、ソフトスプレーと、スーパーハードスプレーを用意しましょう。この固まり具合の異なる2本のヘアスプレーを使いこなすことによって、ヘアアイロンで巻いた髪をより長くキープすることができます。

まず、髪が細い人やカールが取れやすい人は、ヘアアイロンで髪を巻く前に、ベーススプレーとしてソフトスプレーをふわっとかけてください。このとき、髪の上からかけるのではなく、下からスプレーを当てるようにしましょう。上からかけてしまうと、スプレーの塗布量が増えてしまい、重たくなってしまいます。

そしてヘアアイロンで巻き終わったら、くずれやすい場所にはスーパーハードスプレーをかけて固定。特に前髪は巻きが取れやすいので、スーパーハードスプレーでしっかり固めてあげると効果的です。全体にかけるときはソフトスプレー、前髪などポイントで固めたいときはスーパーハードスプレーといった具合に2種類を使い分けるといいと思います。

髪を熱から守り、ツヤも与えるヘアクリーム

この本でも何度も登場しているヘアクリーム。髪をダメージから守る役割やツヤ出し効果などその効能は多岐にわたりますが、僕がおすすめするヘアクリームはベースコート オブ ヘア・5です。クリーム状でべたつかず、サラサラとした手触りが特徴。髪を熱から守るヒートアクティブシルクという成分が入っているのが特徴。ヘアアイロンやドライヤーの熱から髪を守ることができます。

化粧水や乳液でお肌の土台を整えるように、髪の土台も整えてあげる。熱から髪を守り、美しいカールのための新習慣として取り入れてみてはいかがでしょうか。

ベースコートオブヘア・5-RO

価格：2800円（税抜）
オブ・コスメティックス 03-6274-6621

第7章

髪のお悩みあるあるQ&A

Q. 自分にいちばん似合う髪型がわかりません

A. ナンバーワンはありません。髪型もファッションと同じ。気分やトレンドを反映させて楽しみましょう

こういうご相談はよくいただくのですが、まずみなさんにお伝えしたいことは、いちばん似合う髪型というものは存在しないということです。「もっと似合う髪型があるのではないか?」と思ってしまう気持ちは非常によくわかりますが、**あなたに似合う髪型は無限にある**ため、ナンバーワンに絞ることはプロの美容師からしても正直難しい。**あなたには多様な〝かわいくなれる〟可能性が秘められています**。

では、僕ら美容師は普段どうやってお客様の似合う髪型を決めているのか? そのポイントは2つあります。

まず、ひとつめは**骨格や体型などその人自身が持っているもの**をチェックすること。僕ら美容師は、お客様の骨格や顔型、テイストからそのお客様に似合う髪型を導き出します。似合う髪型はひとつではないといったものの、魅力を損ねてしまう髪型は誰

しもに存在するからです。

この本でお話ししてきたような顔型（丸顔・ベース型・面長・逆三角形）や生え際のタイプ、肩のかたちや首の細さなどを基軸に考えていただくと、自分に似合う髪型や前髪をわかっていただけるかと思います。体の特徴から似合うものを理解すること。これがひとつめのポイントです。

ふたつめのポイントは、**そのときのあなたの気持ち**です。僕ら美容師は、そのときのトレンドを踏まえたスタイルをご提案させていただいています。今あなたがどうなりたいのか。かわいい系か、クール系か、もしくは大人っぽい雰囲気か……。流行のファッションを時期ごとに取り入れるように、そのときの気分やトレンドを髪型に反映させるべきなのです。

Q. 「おまかせ」オーダーで本当にかわいくなれますか?

A. **おまかせしすぎは危険。あなたのなりたい像を知るヒントをください**

「おまかせで」と言っていただけるのはとてもうれしいことなのですが、今自分がどんな髪型にしてみたいかなど、ざっくりしたオーダーでも言ってもらえると、美容師側はよりイメージしやすいと思います。

例えば、「長さは足りないけれど、田中みな実さんみたいな雰囲気が好き」だけでもOK。僕らが、あなたのかわいいを最大限に引き出すお手伝いを全力でするためには、あなたの今なりたい気持ちを知り、方向性を定める作業が必要です。**芸能人やモデルの名前でも、インスタグラムやネットで見かけた写真でもいい**ので、今のあなたの「なりたい」を知る手がかりをください。

写真を見せるときは、ただ見せるのではなく**「その写真のどこが好きなのか」**を伝えることも大切。特にヘアカラーをオーダーするときに役立つのですが、美容師が知りたいのは**「その写真のどの部分の色味が好みなのか」**というところです。写真によっては、自然光にあたった部分とそうではない部分でけっこう色味が違ってくるので、「このへんの色味が好き～」だけでもたいへん助かります。

最後にスタイリングについて。**普段自分がどこまでヘアアイロンを使えるのか、ヘアアレンジができるのか**を教えてもらえると、その範囲内でのヘアスタイルを提案できます。「毎日アイロンで前髪を巻いてるんですけど」「毛先を巻いて会社に行くことが多くて」などどれくらい髪を触っているのかのヒントもいただけると、あなたの生活リズムにあったヘアスタイルを提案しやすくなります。

また、美容室には普段どおりのメイクや服装で来てもらえるとうれしいです。ヘアスタイルは毎日のあなたを彩るものなので、いつものあなたにフィットするものを提案したいからです。

カウンセリング時には普段どんな服や色を着ることが多いかなどを聞かれることが多いと思うので、特別な日の話ではなく、日常生活のあなたを美容師に教えてあげてください。

Q. ヘアカラーはしたいのですが、なるべく美容室に行く回数を減らしたい……。プリンが気にならないようにカラーすることって、できますか?

A. ハイライトやグラデーションカラーを仕込めば、数か月は耐えられる!

髪は1か月でだいたい1~1・5センチ程度伸びます。ヘアカラーをしても当然新しい毛が生えてくるので、俗にいう「プリン頭」という状態に。新しく生えてくる毛を新生毛《しんせいもう》というのですが、根元だけ色が違うことで髪が手入れされていないように見えてしまいます。これを避けるため一般的にはヘアカラーをしたら月イチ程度で美容室に通い、メンテナンスをしなければならないというイメージがあるかと思います。しかし、じつはそれを回避する方法がいくつかあります。

まず、**ハイライトをわざと細かくギザギザに入れる**方法。こうすると、伸びてきたときにグラデーションっぽくなり、新生毛が**目立ちにくくなります**。美容師の定番ヘアカラーですが、このカラーリングは「細かいハイライトを入れて伸びてきても目立たないようにしてください」などといえば簡単に伝わりますよ。

第2の方法は、**最初からグラデーションカラー**にしてしまうこと。
そもそもアジア人はほとんどが黒髪（ダークカラー）で、それよりも明るい色に染めるから伸びてきた新生毛が目立ってしまうわけです。少し専門的な話になりますが、グラデーションカラーにするときは、奇数の色数で構成することが多くあります。この法則を利用し、必ず伸びてくるダークカラーをあらかじめ1色に数えてしまう。根元がダークカラーになることを見越し、中間と毛先の色を変えてヘアカラーをしておくと、伸びてきたときに3色展開になります。不思議なことにこうすると、**ワンカラーで全体を染めたときよりも、伸びてきた毛が目立ちにくく**なります。

これをオーダーしたい場合は、「伸びてきたときにもグラデーションがきれいに見えるようにカラーリングしてください」といえば、美容師に伝わります。

また、カラーは明るければ明るいほど退色が早く、暗ければ暗いほど退色が遅くなります。伸びてきたときも根元の黒い部分となじみやすくなるので、僕はダークカラーをよくおすすめしています。

Q. せっかくスタイリングしたのに、くずれてきたらどうすればいい？

A. 携帯ヘアクリームでツヤっぽさを出して応急処置

夕方になってくると、メイク同様にヘアスタイルもくずれてきてしまいますね。特に湿気の多い時期はこの悩みをもつ女性が増加します。残念ながらカールのかたちを復元するには、ヘアアイロンを外出先に持っていかない限り難しい。ですが、パサツキなどはヘアクリームの小さいタイプを携帯しておき、ハンドクリームと同じ感覚で髪の毛にぬるといいですよ。「くずれてきたな」と感じたらその都度つけるイメージです。極論を言うと、**ツヤさえあれば髪の毛はきれいに見えます**。

ただ、雨の日や湿度が高いときに髪が広がりやすい方などは、髪を結んでしまったほうがいいかもしれません。結べない人は、耳にかけたりしてこなれ感を出すとおしゃれに見えます。

Q. すぐに髪が広がってしまいます。どうすればいいですか?

A. ヘアオイルで保湿してあげるのがいちばんです

なぜ、髪が広がるのかというと、髪の水分が不足して乾燥するからです。髪が広がってきたなと感じたら髪に水分を補給し、保湿しなければなりません。

おすすめしたいのはヘアオイルを髪にぬること。濡れているときに髪がペタンコになるのと同じように、**ヘアオイルをつけると油分がしみこんでボリュームを抑えることができます。**

浸透性に優れるアルガンオイルはぬるとさらっとした質感に。保湿力の高いホホバオイルはしっとりとした仕上がりになります。どちらも髪にうるおいを与えるので、お好みの仕上がりで選んでみてください。髪が細いタイプの方はヘアクリームでもまとまりやすくなります。

つけ方ですが、つけすぎるとべったりしてしまうので注意しましょう。適量のオイルを手に取ったらまずは中間から毛先につけ、残ったオイルを表面になじませます。

ヘアオイルの質感が苦手な方は、142ページでご紹介した髪の表面にだけストレートアイロンを当てる方法がおすすめです。ある程度ボリュームを抑えることができます。

Q. カールアイロンで髪を巻くとき、カールが左右対称にならず、右側のカールが弱くなってしまいます。コツはありますか?

A. カールアイロンを抜いたら、カールを手でキャッチしましょう

右利きの人は右側が巻きにくいと思います。これを防ぐには、右側を巻いたあと、アイロンを抜いたら巻いた髪をほぐさずに手でつかみましょう。カールは熱が冷める瞬間にかたち作られます。数秒間手でカールを保持してあげることによって、カールのかたちが弱くなりやすい右側の巻きを保護することができるのです。

Q. **白髪が生えてきました。白髪って抜いていいですか?**

A. **抜いても同じところからまた生えてきますから、触らないほうが無難**

生えてきた白髪は触らないほうがいいでしょう。白髪を抜いてしまうと毛穴が刺激され、まわりの毛まで抜けかねません。また、白髪を抜いた毛穴から髪の毛が生えてこなくなる可能性もあるので注意が必要です。

白髪が気になったら、触らず、**カラーリングで目立たなくする**ようにしましょう。

Q. **ロングヘアなのですが、毛先のほうに枝毛が目立ってきました。枝毛は切ったり、さいたりしていいものなのでしょうか?**

A. **切るのはOK! でも枝毛をさいたり触ったりするのは絶対ダメ**

枝毛とは、髪の水分が奪われ、髪の中身の繊維が破けてしまった状態のことを指します。髪はキューティクルと呼ばれるものでコーティングされているのですが、枝毛はキューティクルがはがれ、髪の水分が蒸発してしまっている状態です。

こういったダメージを受けた枝毛を手で触ってしまう方がたまにいらっしゃいますが、とんでもない！　触れば触るほど髪の傷みは広がってしまいます。それより、枝毛の部分だけを**ハサミで切るほうが応急処置としては正解**です。ただ、ほかの傷んでいない毛まで切らないように注意してくださいね。

Q. 髪が傷んだらどうすればいいでしょうか？

A. 傷んだ髪は修復不可能。ひどいダメージだったら切るしかありません

ダメージ具合にもよりますが、基本的には傷んだ髪は修復不可能。あとからどれだけケアをしたとしても１００％は元に戻りません。

自分の髪のダメージ具合を知るには、濡れた髪を引っ張ってみてください。**ビヨ～**

ンと伸びたら、相当ダメージがある証拠です。傷んだ髪は、中身がスカスカになっているのでゴムのように伸びるのです。ここまで傷んでしまったら、一度その部分をカットしたほうがいいと思います。伸ばしたい場合でも、傷みがひどいところは一度切って伸ばしたほうが、絶対にきれいですから。

濡れた髪に、まだ弾力が残っている場合は、最悪の事態は避けられています。これ以上傷まないようにヘアアイロンを控えたり、ブリーチなど強いヘアカラーを控えたりしたほうがいいでしょう。自宅でのトリートメントのケアに加えて、サロントリートメントも視野に入れながら、髪をダメージから守ってあげたいところ。サロントリートメントは時間がかかり、お値段も張りますが、スチーマーや特殊機器を使い、ホームケアでは浸透できない髪内部まで成分を浸透させることができます。

また、毎日ヘアアイロンを使う方は多いかと思いますが、必ずヘアクリームなどで髪を保護するのを忘れないでください。何もしないと熱ダメージがどんどん蓄積していってしまいます。

おわりに

僕は街を歩いていて、よく思うことがあります。

この人はどうしてこの髪型をしているんだろう？　髪型を変えればもっとキレイにかわいく見えるのになあ……と。

たしかに、自分に似合う髪型を見つけるのって、とても難しいことです。だからこそ、ひとりでも多くの方に髪の力で自信を持ってもらいたい……。常にそのことを思いながら仕事をしています。

この本には外見のことばかりを書いていますが、僕は、キレイになるためにいちばん大事なことは、自分に自信を持つことだと思っています。髪の毛がキレイになれば、自分に自信を持つことができ、心もキレイになれると本気で思います。

読者の方のなかには、今のままでは自信が持てない、この本を読んで少しでもキレイになりたいと思ってくださる方もいらっしゃることと思います。

都心の美容室はオシャレすぎて、自分なんかが行くのは恥ずかしい。

金銭的に余裕がなく、高い美容室には行けない。

いろんな事情があるかと思います。でも、そんなことを気にする必要はありません。僕自身、今でも気を抜けば一気に自信がなくなります。常にヘアスタイルや服装、外見や内面を磨くように努力し、心の中で「自分に自信を持て」と言い聞かせています。

髪の毛はその人の印象を180度変えることができる魔法のようなものです。「髪の毛を変える＝美容室に行く」という気持ちもわかりますが、自分自身でできることのなかにいくらでも、変われる方法はあります。

髪型が変わると、性格まで変われる気もします。似合う髪型はひとつではない、今の自分がどうなりたいのかよく考えて、いろんな自分を見つけてください。

この本は、僕が今まで何万人という数のお客様を担当した経験から、実際に多く接した髪の悩みの解決法をまとめた、教科書のようなものです。読んでくださった方のために、キレイになるための手助けが少しでもできることを願っています。

鏡の前で今の自分を見てみてください。これまで気づけなかったことが気づけるようになっていませんか？　この本を読んでいただき、少しでもかわいくなれた、キレイになれたということを実感して、自信をもってもらえたらうれしいです。ひとりでも多くの方が、自分の力で変わっていけることを心から願っています。

最後まで読んでいただき、ありがとうございました。

２０２０年５月

美容師・小西恭平

［著者］

小西恭平（こにし・きょうへい）

1988年生まれ。東京都出身。国際文化理容美容専門学校卒業後、美容師として人気ヘアサロン「Of HAIR（オブヘア）」に入社。

現在、表参道店にてディレクターを務める。月間新規指名客数400人以上。全店総指名数、売り上げNo.1。新規客の予約が1日100件入ったこともある。ライフスタイルに合うシルエットと再現性の高いカット技術に定評がある。

Instagram、TikTokによる高い発信力を持ち、国内外の女性から圧倒的な支持を集める。特に「印象の違い」と題した投稿が人気。

Instagram：@kyohei_konishi　TikTok：@kyohei1120koni

あなたは髪を切らなくても変われる

2020年6月10日　第1刷発行

著　者――小西恭平
発行所――ダイヤモンド社
〒150-8409　東京都渋谷区神宮前6-12-17
https://www.diamond.co.jp/
電話／03･5778･7233（編集）　03･5778･7240（販売）

ブックデザイン・DTP ― 鈴木大輔、仲條世菜（ソウルデザイン）
撮影――布施鮎美
モデル――にょみ。（友情出演）　※カバー、Introduction
大原茉莉奈（週末モデル）　※第5章
メイク――佐々木一憲　※にょみ。
スタイリング――MASAYA
イラスト――もと潤子
校正――鈴木由香
製作進行――ダイヤモンド・グラフィック社
印刷・製本――勇進印刷
構成――宮本香菜
編集担当――中村直子

ISBN 978-4-478-11026-3